Helmut Fuchs

Andreas Huber

DAS RUBICON-PRINZIP

Ein Selbstmanagement-Programm
für mehr Handlungskompetenz
und Entscheidungsstärke

Historische Beratung: Dr. Matthias Meyn

Deutscher Taschenbuch Verlag

Von Helmut Fuchs und Andreas Huber
ist im Deutschen Taschenbuch Verlag erschienen:
Die 16 Lebensmotive (24319)

Originalausgabe
Mai 2003
© Deutscher Taschenbuch Verlag GmbH & Co. KG, München
www.dtv.de
Umschlagkonzept: Balk & Brumshagen
Umschlaggestaltung: Catherine Collin unter Verwendung einer
Illustration von © The Image Bank/Steven Biver
Caesargrafik: André Schirmer, lowlight network, Leipzig
Satz: Fotosatz Reinhard Amann, Aichstetten
Gesetzt aus der Apollo 11/12,75´, der Univers und der Herculanum
Druck und Bindung: Kösel, Kempten
Gedruckt auf säurefreiem, chlorfrei gebleichtem Papier
Printed in Germany • ISBN 3-423-24361-9

Inhalt

Allen mutigen Menschen gewidmet, die bereit sind, endlich der gegenwärtigen Resignation und Zögerlichkeit entgegenzutreten und tatkräftig den eigenen Rubicon zu überschreiten, um neue Impulse zu setzen, Mut und Aufbruchstimmung zu vermitteln und ein gutes Beispiel zu liefern. Dazu müssen wir bereit sein, gelegentlich den Weg zu verlassen, um nicht auf der Strecke zu bleiben.

Viel Erfolg wünschen
Helmut Fuchs und Andreas Huber

Prolog

Nicht warten, starten! So formulierte vermutlich Gaius Julius Caesar den entscheidenden Schritt, als er am Morgen des 10. Januar 49 v. Chr. – nach unserem Kalender Mitte November – am nebelverhangenen Flüsschen Rubicon zwischen Ravenna und Rimini stand und eine schwer wiegende und auch schwierige Entscheidung treffen musste. Er zögerte nicht länger und setzte seine Truppen in Richtung Ariminum (Rimini) in Marsch.

Die Struktur dieser klassischen Entscheidungssituation, die im Übrigen den Grundstein für die vierhundert Jahre währende Einigung des römischen Reiches gelegt hat, dient als geschichtlich verbürgte Vorlage für die Formulierung des Rubicon-Prinzips: Den Rubicon überschreiten bedeutet hier, die Grenze zwischen Wünschen und Wählen auf der einen Seite und Wollen und Handeln auf der anderen Seite endlich zu überschreiten und aktiv zu werden. Das eigene Leben in die Hand zu nehmen und zu handeln ist zu einer unabdingbaren persönlichen und gesellschaftlichen Notwendigkeit geworden, die in der heutigen Zeit – und daran hat sich seit Caesar wenig verändert – als Schlüsselkompetenz für Wohlstand, Gesundheit und privates Lebensglück verstanden werden muss.

Wir haben mit dem Rubicon-Prinzip ein Selbstmanagement-Kompetenz-Programm ausgearbeitet, das die persönliche wie auch die unternehmerische Handlungsbereitschaft stärkt. Die theoretischen Grundlagen und die praktischen Bausteine werden in diesem Buch vorgestellt. Das Rubicon-Prinzip macht die Qualitäten Caesars sowie die Erkenntnisse der Motivations- und Willensforschung für die vielfältigen Herausforderungen der heutigen Zeit nutzbar. Und es bietet dem Leser Argumentation und Inspiration, mutig und engagiert eigene Erfolgswege zu definieren und zu beschreiten.

EINFÜHRUNG

Erinnern Sie sich, liebe Leser, an Momente in Ihrer Vergangenheit, in denen Sie sich entschieden haben, von nun an in Ihrem Leben etwas Wichtiges grundlegend zu ändern? Haben sie dann in den folgenden Tagen, Wochen und Monaten konsequent und zielorientiert an diesen Vorsätzen festgehalten? Oder zählen Sie vielleicht zu der großen Schar von Menschen, die trotz hohem Handlungsbedarf und klarem Commitment immer wieder zugeben müssen, dass ihre vielleicht lebens- oder sogar überlebenswichtigen Vorsätze zur Veränderung von Grundhaltungen, Handlungsabläufen und Alltagsprogrammen eher die Verwirklichungschance von Silvestervorsätzen haben – nämlich keine.

Warum wir dringend etwas tun müssen

Sollten Sie realistisch und objektiv feststellen können, dass Ihnen solche Schwierigkeiten beim Umsetzen von Wünschen unbekannt sind, dann wird das Rubicon-Prinzip für sie vermutlich nur informativen Wert besitzen. Gehören Sie aber zu dem ständig wachsenden Teil von Menschen in unserer Gesellschaft, die oft nicht wissen, was richtig oder falsch ist, und die deshalb – bevor sie etwas vermeintlich Falsches tun – lieber gar nichts tun oder die ebenso keine Schwierigkeiten haben, klare Vereinbarungen, die sie mit sich selbst getroffen haben, wiederholt sträflichst zu brechen und die sich außerdem als wenig handlungsorientiert erleben, dann kann dieses Buch für Sie eine wichtige Quelle zur Stärkung der eigenen Handlungsfähigkeit sein.

An der Schwelle zum dritten Jahrtausend ist der Mensch mehr denn je gezwungen, sein Leben selbst in die Hand zu nehmen. Um im Meer der Glücksverheißungen, Lebensstile, Informationsfluten und Entwurzelungen seinen eigenen Kurs zu steuern, bedarf es umfangreicher logistischer und psychischer Reisevorbereitungen mit Karte und Kompass.

Nur wer es schafft, aus der passiven »Opferhaltung« seine eigenen zielsicheren Handlungsstrategien zu entwickeln, und konsequent an deren Umsetzung arbeitet, wird sich jenen Teil aus dem Kuchen des Lebens herausschneiden können, der ihm zusteht. Anders als Caesar, der mitternächtlich am kleinen Fluss Rubicon nur zwischen ja und nein entscheiden musste, stehen viele Menschen heute tagtäglich am Ufer ihres eigenen Rubicons und sehen sich einer wahren Tyrannei der Möglichkeiten gegenüber. Maximal verwirrt und verunsichert entscheiden sie sich dann für das Nichthandeln und warten und hoffen, dass andere für sie die genialen Lösungen finden.

Auf diesem Hintergrund entwerfen wir mit dem Rubicon-Prinzip eine Alternative zum Abwarten: das Rubicon-Handeln.

Handeln – hinter hohen Zäunen?

Vor langer Zeit lebte ein Stamm. Die Angehörigen dieses Stammes jagten Wild, tranken vom Wildbach und schliefen nachts in Zelten. Nach einer herrlichen Nacht in einer angenehmen Gegend brachen einige Stammesmitglieder auf, um Wild zu jagen. Sie brachten Wildbret mit, das für einige Tage vorhielt. »Lasst uns hier bleiben«, schlugen sie vor, »hier ist gut sein.« So blieb der Stamm für einen Tag und dann für noch einen.

Bald lernten die Jäger, Tiere zu zähmen und zu züchten, das Land zu bestellen und das Wasser einzudämmen. Als sie reicher wurden und sich stärker fühlten, machten sie große Pläne. Sie bauten sich Häuser und später große Villen. Und sie bauten Zäune gegen ihre Feinde. Diese schienen ihnen schlimme Feinde zu sein. Aber die Zäune waren gut, und nach jeder Attacke machten sie die Zäune noch stabiler.

Pilger zogen vorbei und erzählten Geschichten von besseren Lagern und von anderem Wild, aber der Stamm hörte nicht auf sie. Der letzte Jäger war schon gestorben, als während eines heißen Sommers der Wildbach weniger Wasser trug als sonst. Zuerst merkte das niemand, aber als der Wildbach weiter austrocknete, informierte der Wassermanager den Stammesrat. Der Stammesrat enthob den Wassermanager seines Amtes und beschloss, dass genug Wasser im Wildbach sei. Das Abstimmungsergebnis war 8:1.

Der Stamm arbeitete weiter an seinem Zaun, der zwischenzeitlich schon so dick geworden war, dass niemand mehr die Umgebung jenseits des Zaunes sehen konnte. Einige Tage später waren die Tiere tot. Sie waren in der Hitze mangels Wasser verdurstet. Als die Stammesmitglieder nun Leitern holten und über den Zaun schauten, stellten sie fest, dass das sie umgebende Weideland zu einer Wüste geworden war.

Da entschlossen sie sich weiterzuwandern. Indessen, dazu war es schon zu spät, sie hatten das Wandern verlernt. Der Stamm ging unter.

Aus: B. Hedberg: Werte und Mythen in der strategischen Planung. In: wisu – Das Wirtschaftsstudium, 14/1985, S. 429.

Vertiefung:
1. Welche Kernaussagen erschließen sich für Sie aus der Betrachtung dieser Metapher?
2. Erzählen Sie die Geschichte einem guten Freund und fragen Sie ihn nach seinen Erkenntnissen.
3. Gibt es aktuelle Bezüge zu unserer Gesellschaft, die spontan ins Auge springen?
4. Gibt es aktuelle Bezüge zu Ihrer persönlichen Lebensauseinandersetzung, die spontan ins Auge springen?

Wie hoch sind unsere Zäune?

Deutschland droht Pleiterekord

Inkasso-Unternehmen rechnen mit
Zusammenbruch von 37 000 Firmen

Hannover – Deutschland steht vor der größten Pleitewelle der Nachkriegsgeschichte. Der Bundesverband Deutscher Inkasso-Unternehmen (BDIU) rechnet mit 37 200 Firmenzusammenbrüchen in diesem Jahr und einem dramatischen Anstieg der Verbraucherkonkurse. »Der Pleitegeier kreist vor allem über dem Mittelstand, dem Motor und Herz der Wirtschaft«, sagte BDIU-Präsident Ulf Giebel in Hannover.

Gründe seien Konjunkturkrise

und schlechte Zahlungsmoral. Gleichzeitig wandere Überschuldung »zunehmend in die Mitte unserer Gesellschaft«, wofür vor allem Arbeitslosigkeit verantwortlich sei.

Nach Angaben Giebels hat sich im ersten Quartal 2002 die Zahl der reinen Unternehmensinsolvenzen binnen Jahresfrist um 15 Prozent erhöht. Besonders betroffen sei das Baugewerbe, in dem für das Gesamtjahr mit 10 500 Pleiten gerechnet werde. Giebel sieht Gefahren für insgesamt 550 000 bis 600 000 Arbeitsplätze, darunter nur ein kleiner Teil durch spektakuläre Zusammenbrüche wie bei Herlitz oder Kirch. Er schätzt den volkswirtschaftlichen Schaden auf 40 Mrd. Euro.

Nach einer aktuellen Umfrage des Verbandes bei seinen 472 Mitgliedsunternehmen haben 78 Prozent der Inkasso-Branche verspätete Kundenzahlungen als Ursache für Bau- und Handwerkerpleiten genannt. Bei der gleichermaßen schlechten Zahlungsmoral in West- wie Ostdeutschland sei die »deutsche Einheit inzwischen verwirklicht«, meinte Giebel. Neben der Konjunkturkrise sei die immer restriktivere Kreditvergabe von Banken und Sparkassen weit im Vorfeld der neuen Vergabe-Richtlinie Basel II für Pleiten verantwortlich.

Bei privaten Haushalten ist nach den Erfahrungen der Inkasso-Profis eine bereits bestehende Überschuldung der Hauptgrund für ausbleibende Zahlungen. Immer mehr seien es unvorhergesehene Ereignisse, die Menschen in das finanzielle Abseits drängten. »73 Prozent der Inkasso-Unternehmen nennen Arbeitslosigkeit als Grund, warum ein privater Schuldner nicht zahlt«, sagte Giebel.

Nach 13 300 Verbraucherinsolvenzverfahren 2001 erwartet er in diesem Jahr 30 000 Fälle. Alleine im ersten Quartal habe es einen Zuwachs von 38 Prozent gegeben. Und dies sei bei 2,6 Millionen überschuldeten Personen und fast einer Million Offenbarungseiden im Jahr 2001 nur die Spitze des Eisberges, sagte BDIU-Vorstandssprecherin Gerti Hönings.

Eine gewisse Rolle spiele bei finanziellen Problemen von Privathaushalten auch die Euro-Einführung. Während sich manche Verbraucher derzeit bewusst zurückhielten, ließen sich andere durch den psychologischen Effekt der scheinbar niedrigen Preise zu unbedachten Kaufentscheidungen verleiten.

Aus: DIE WELT vom 24.4.2002

Caesar und der Rubicon

War wirklich an alles gedacht, jede Vorbereitung exakt getroffen? War die vorbereitete Auseinandersetzung überhaupt kalkulierbar und zu verantworten? Fragen über Fragen drängten sich plötzlich in das Bewusstsein des hageren, aber muskulösen Mannes mit der markanten Physiognomie, als dieser im kühlen Wind der Januarnacht des Jahres 49 v. Chr. seinen Feldherrenmantel enger um die Schultern zog. Sein Blick wurde zunehmend entschlossener, als er von den Mauern der befestigten Stadt Ravenna in die Dunkelheit in südwestlicher Richtung schaute. Kein Stern war zu sehen. Wolkenverhangen war der Nachthimmel.

Irgendwo dort draußen in der undurchdringlichen Schwärze der Nacht lag Rom, das Machtzentrum. Alle Gedanken Caesars kreisten in diesem Moment um diese Stadt. Unruhig hatte er sich auf seinem Nachtlager hin- und hergewälzt und war dann zu diesem nächtlichen Ausflug aufgebrochen, um Klarheit in seine Gedanken zu bringen.

Schemenhaft tauchten die Schattenbilder der Vergangenheit seit Beginn seiner Statthalterschaft in Gallien vor ihm auf. Nie hatte er die Entwicklung Roms aus den Augen verloren. Mit großer strategischer Vision hatte er seine Gewährsleute in den wichtigen Positionen der stadtrömischen Verwaltung platziert. Er wusste aus seiner Zeit als Konsul in Rom um die Grundstruktur Macht erhaltender und erzeugender Intrigen und Geldzuwendungen. Stets war es für ihn von Vorteil gewesen, diesen Vorsprung für seine Karriere zu nutzen. So war er auch jetzt wieder aufs Beste informiert, hatten doch die Informanten, ein weiteres Mal reichlich beschenkt, Ravenna in Richtung Rom gerade erst verlassen.

Ein nachdenkliches, aber entschlossenes Lächeln umspielte seine Lippen, als er darüber nachdachte, dass das, was er vorhatte, noch niemand vor ihm gewagt hatte. Den Senat militärisch herauszufordern und in die für Truppenbewegungen verbotene Zone südlich des Rubicons einzudringen, war eine nicht umkehrbare Entscheidung, wenn die ersten Schritte über den Rubicon einmal getan waren. Dieser Tragweite für sich und vor allem für seine Leute war sich Caesar voll bewusst. Andererseits rechnete in Rom um diese Jahreszeit niemand mit ihm, und auch die Alternativen, die ihm gerade wieder durch den Kopf gingen, beflügelten seine Entscheidung.

Eigentlich – und dies war ihm klar wie das Wasser des Rubicons – stand er mit dem Rücken an der Wand, und nur der Schritt über den Rubicon konnte ihm Verbannung und Enteignung ersparen.

Seine Augen verfinsterten sich. Hatte er nicht ein Recht auf diesen Schritt? Ja, war ihn zu tun nicht sogar seine Pflicht, jetzt, nachdem er den Ruhm Roms in Gallien gemehrt hatte? Hatte er nicht gekonnt diplomatisch, im Stile eines Imperators, die Interessen Roms konsequent gegen die streitlustigen Gallier behauptet, und hatte er nicht ungeachtet der vielen kriegerischen Auseinandersetzungen mit den kampferprobten Stammesverbänden bis zum großen Aufstand des widerspenstigen Vercingetorix seine Truppen in kilometerlangen Gewaltmärschen bis nach Britannien geführt.

Caesar spürte, wie diese Gedanken ihn entschlossener und risikobereiter machten. Aber er zögerte noch, in der Kühle der Nacht eine endgültige Entscheidung zu treffen. Politisch und militärisch hatte er alle Vorbereitungen getroffen, aber was war mit ihm selbst? Er schaute an sich hinunter und attestierte sich wohlwollend eine gute körperliche Verfassung. Ja, er war etwas mager geworden. Das Leben als Statthalter in Gallien war eben doch anders als in Rom. Zufrieden fühlte er sich trotz – oder gerade wegen – seiner knapp fünfzig Jahre auf dem Höhepunkt seiner geistigen und körperlichen Kraft. Die Herausforderungen durch die Gallier hatten ihn stark gemacht, und er war gerade jetzt froh, keinem Kampf ausgewichen zu sein.

Er war bereit.

Klar und unumstößlich war seine Entscheidung in dieser Nacht gefallen. Der Spaziergang hatte sich gelohnt, dies wurde ihm deutlich, als er in den frühen Morgenstunden zu seinem Schlaflager zurückkehrte. Am heutigen Nachmittag würde er seinen zwei Legionen den Befehl zum Aufbruch geben. Und dann würden etwa 10 000 streitbare und bis zur Helmspange motivierte Krieger am Rad der Weltgeschichte drehen. Entschlossen schlief Caesar ein. Wieder einmal hatte er das Gesetz des Handelns zum Primat seiner Gedanken gemacht.

Und das sind die historischen Fakten:
Im Jahre 50 v. Chr. kehrt der erfolgreiche Prokonsul Gaius Julius Caesar aus Gallien zurück mit der Zielsetzung, innenpolitisch in Rom aktiv zu werden und erneut als Konsul zu wirken. Aber Caesar ist in einer fatalen Situation. Ungeachtet seiner wirtschaftlichen Erfolge in Westspanien und seiner kriegerischen Erfolge in Gallien (beim Kampf gegen Vercingetorix bei Alesia) verlangt die römische Verfassung aus politisch wohl durchdachten Gründen, dass er alleine – also ohne seine Legionen, die außerhalb einer Bannzone zurückbleiben müssen – nach Rom zurückkehrt.

Folgt er dieser Auflage und kehrt als Privatmann nach Rom zurück, muss er jedoch mit diversen Prozessen wegen seiner Amtsführung rechnen, sogar mit dem Ende seiner politischen Karriere und mit einer hohen Steuerzahlung, die je nach politischem Kalkül (und Caesar muss mit hohem Widerstand im Senat rechnen) so hoch ausfallen kann, dass er quasi sein ganzes Vermögen verlieren würde. Löst er das Heer aber nicht auf und übergibt seine Provinzen nicht dem Senat, ist er ein Hochverräter, gegen den Pompeius, gedeckt durch Senatsbeschluss, militärisch vorgehen kann.

Letztlich trifft Caesar am Rubicon die Entscheidung für die kämpferische Lösung, überschreitet den Rubicon und löst damit den Bürgerkrieg aus. Vier Jahre wütet die Kriegsfurie, fremde Könige mischen sich ein, und Caesar ist gezwungen, seine Gegner Provinz um Provinz niederzuringen. Erst Pompeius in Griechenland. Dann die Ägypter, die seine Entscheidung für Kleopatra als Geliebte nicht billigen wollen. Dann König Pharnakes von Pontos in Kleinasien. Dann seine republikanischen Gegner in der Provinz Afrika, denen auch die Hilfe des numidischen Königs Juba mit seinen Kriegselefanten nichts nützt. Also durchaus eine wahrhaft schicksalsträchtige Entscheidung damals in der Nacht am Rubicon.

Caesars Schritt über den Rubicon wurde von Historikern und Literaten vielfältig gewürdigt und hat ausgesprochen symbolischen Charakter: Die Überquerung des Flüsschens Rubicon steht für den Übergang der Republik zur Monarchie. Die lange Zeit des Taktierens war vorbei, in der Caesar versucht hatte, auf der Basis der gegebenen und von seinen Feinden im Senat dominierten Staatsverfassung an die Macht zu kommen, zumindest aber seine Haut vor den ihm drohenden Prozessen zu retten.

Caesar wagte den Schritt über den Rubicon. Er riskierte eine Niederlage gegen eine Überzahl gegen ihn versammelter Truppen in Italien. Er riskierte die anschließende Verfolgung, den Tod oder – was für den stolzen Römer dieser Zeit die schlimmste Strafe war – die Verbannung.

Dennoch bedeutete die Überquerung des Rubicons, das Eindringen in das für Militär verbotene Gebiet um Rom, einen Schritt ins Ungewisse, ein Überschreiten von Grenzen, die zu überschreiten bislang niemand gewagt hatte.

Der römische Dichter Sueton hat die Szene am Rubicon (er war allerdings kein Augenzeuge) mit beredten Worten ausgemalt: Caesar habe am Ufer stehend die Signaltrompete der Legion an sich gerissen, sie geblasen und gerufen: »So wollen wir gehen, wohin die Zeichen der Götter und die Ungerechtigkeit der Feinde rufen. Die Würfel sind gefallen – alea iacta est!«

Natürlich handelt es sich hierbei um eine dichterische Aus-
schmückung und Überhöhung des tatsächlich Vorgefallenen.
Gleichwohl ist der Ausruf »alea iacta est!« als geflügeltes Wort in
die Geschichte eingegangen.

Wahrscheinlicher ist da die Schilderung des römischen Histo-
rikers Plutarch. Danach ist Caesar heimlich von Ravenna aus
nach Süden aufgebrochen und der Legion gefolgt, die er voraus-
geschickt hatte. Am Rubicon angekommen, habe er seinen
Kampfwagen anhalten lassen, schweigend die Lage geprüft und
sich dann an seine wenigen ausgewählten Begleiter mit den
Worten gewandt: »So soll der Würfel denn geworfen sein!« Allerdings nicht auf Lateinisch, sondern auf Griechisch, das die
römische Oberschicht dieser Zeit fließend sprach: »Anerriphto
ho kybos!«

Das Rubicon-Prinzip

Einige unserer Leser werden jetzt möglicherweise denken: Na ja, gut, eine recht interessante Geschichte, aber das ist jetzt über 2000 Jahre her, und von Caesar weiß man schließlich, dass er rund sechs Jahre später von Brutus (»Auch du, mein Sohn Brutus!«) und anderen Mitgliedern der mächtigen Senatspartei mit dem Dolch ermordet wurde.

Was also soll ein aufgeklärter Mensch des 21. Jahrhunderts mit einem solchen Beispiel aus der römischen Antike anfangen? Diese Frage ist auf den ersten Blick nachvollziehbar. Nur sollte eines nicht vergessen werden: In diesen sechs Jahren hat Caesar den Grundstein für eine über vierhundert Jahre fortdauernde Einigung des römischen Weltreichs gelegt. Mit seiner Alleinherrschaft schuf er die Voraussetzungen für das Kaisertum seines ihm nachfolgenden Adoptivsohns Octavian, der später unter dem Namen Augustus ebenfalls Weltgeschichte machte. Das alles verbindet sich also für den Historiker wie für den historisch interessierten Laien mit dem Stichwort »Rubicon«.

Das vorliegende Buch ist natürlich keine historische Abhandlung – da gibt es Ausführlicheres und mit hohem analytischem Anspruch von Theodor Mommsen (Caesar, 1856) bis hin zu Christian Meier (Caesar, 1997).

Aber was dann?

Wir sehen Caesar als einen Topmanager und Lebenskünstler seiner Zeit, wobei es ohnehin Aufgabe eines reichen römischen Adligen war, Staatsgeschäfte zu übernehmen. Und diese Staatsgeschäfte vermischten sich gedeihlich mit den jeweiligen privaten Interessen. Bert Brecht hat dies amüsant-kritisch in seinem unvollendeten Manuskript ›Die Geschäfte des Herrn Julius Caesar‹ beschrieben.

Caesar hat seit seiner Jugend zunehmend schwierige und verantwortungsvolle Staatsgeschäfte übernommen: Kriegsdienst im Osten des Reiches mit 19 Jahren, Militärtribun mit 27, Oberster Priester (!) mit 37, Praetor mit 38, mit 41 Jahren Konsul, das höchste Amt im Staat. Als Prokonsul bekommt er die noch nicht eroberte Provinz Gallien (das heutige Frankreich) übertragen und unterwirft in einem achtjährigen Krieg das Land.

Diese politischen Ämter waren keineswegs leicht auszufüllen. Je höher die Position im Staat war, umso mehr Neider gab es. Verbindungen mussten aufgebaut und erhalten werden. Ein Mann wie Caesar brauchte verlässliche Weggefährten und Freunde. Aufgrund der Entfernung zu Rom, in die seine Ämter ihn zwangen, musste er ein Kommunikationssystem unterhalten, mit dessen Hilfe er auf dem Laufenden blieb. Das war eine unersetzliche Voraussetzung dafür, dass er die richtigen Entscheidungen treffen konnte. Ein solcher Mann musste geradezu ein Organisationsgenie sein, um die verschiedenen Faktoren zu koordinieren, die er bei seinem Handeln zu berücksichtigen hatte.

Mit Sicherheit war Caesar also jemand, von dem Führungskräfte des 20. Jahrhunderts eine Menge lernen können. Und der Entschluss, gegen das bestehende Gesetz mit seinen Truppen den Rubicon zu überschreiten, war ein Schlüsselereignis, eine Schlüsselentscheidung im Leben dieses Topmanagers vor über 2000 Jahren.

Wenn wir daher das Rubicon-Prinzip zur Grundlage von Vorschlägen machen, die moderne Selbstmanagementtheorien in entscheidenden Punkten weiterentwickeln und teilweise korrigieren, so vermag das Motiv dieses italienischen Grenzflusses geschichtlich überzeugen: Dieser Name steht für entschiedenes, zielgerichtetes und mutiges Handeln auf klarer, analytischer Grundlage.

Er steht für das bewusste und kalkulierte Überschreiten von Grenzen, für Risikobereitschaft und Konsequenz, für vieles also, was – nicht erst seit den Zeiten des deutschen Nationalökonomen Joseph Alois Schumpeter – als mentale Grundausstattung eines modernen Unternehmers, einer modernen Führungskraft und mehr denn je eines erfolgsorientierten Menschen gilt.

Wir werden gemäß den sieben Buchstaben des Wortes »Rubicon« sieben Rubicon-Qualitäten Caesars als tragende Säulen für die Rubicon-Theorie und -Praxis darstellen und interpretieren. Eine wichtige Voraussetzung für eine erfolgreiche Zukunftsbewältigung, da »Rubicon« in etwas anderer Lesart bedeutet:

R – **Risikobereitschaft**
U – **Ueberzeugungskraft**
B – **Beziehungsfähigkeit**
I – **Intelligenz**
C – **Creativität**
O – **Optimismus**
N – **Neugier**

Exakt diese Kompetenzen wurden in einer Kienbaum-Studie über Zukunftskompetenzen als wichtige Schlüsselqualifikationen identifiziert.

In der Tat verblüffend ist die Übereinstimmung zwischen dem historischen Ereignis am Rubicon und diesem Namen als Akronym, welches die sieben Kernkompetenzen und das ABC für ein erfolgreiches Selbst- und Lebensmanagement buchstabiert.

Im Folgenden erhellen wir zunächst kurz die wissenschaftlichen »Quellflüsse« des Rubicon-Prinzips, um Ihnen dann die Rubicon-Praxis zu eröffnen.

Die Rubicon-Tafel

Erster Rubicon-Grundsatz:
Formuliere deine Wünsche, Träume, Sehnsüchte als klare Ziele.

Zweiter Rubicon-Grundsatz:
Kläre, ob deine Ziele von deiner inneren Motivation (Bauch) oder von deinem Verstand (Kopf) angetrieben werden.

Dritter Rubicon-Grundsatz:
Versuche dein Leben und Streben so zu gestalten, dass du möglichst viel Zeit und Energie in Einklang mit deinem Motiv-Profil verbringst.

Vierter Rubicon-Grundsatz:
Suche die richtige Brücke – und geh rüber!

Fünfter Rubicon-Grundsatz:
Werde Gärtner deines Lebens – pflege und erhalte.

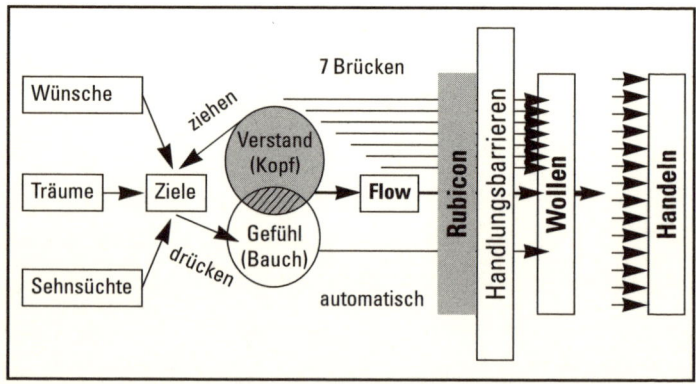

Der Rubicon-Test

Selbstaussagen	immer	häufig	selten	nie
Wenn ich einen Entschluss gefasst habe, setze ich diesen auch sofort um!			X	
Ich verfolge meine Ziele konsequent.		X		
Ich formuliere meine Lebensziele immer schriftlich.				X
Für mein persönliches Wohlbefinden führe ich mir täglich meine Lebensziele vor Augen.				X
Ich kontrolliere täglich, ob ich meine Ziele erreicht habe.				X
Auch wenn ich meine Ziele nicht immer verwirklichen kann, bleibe ich ruhig und gelassen.	X			
Ich gehe meinen Weg und versuche nicht, den Erwartungen anderer gerecht zu werden.			X	
Ich habe nie Angst, etwas vergessen zu haben.	X			
Ich schiebe nie etwas vor mir her.				X
Ich kann Verlockungs- und Ablenkungssituationen gut widerstehen.				X
Spaltensumme	2	1	2	5
Multiplikation	x 4	x 3	x 2	x 1
Ergebnis	8	3	4	5

Nachdem Sie die einzelnen Spaltensummen gebildet und mit dem entsprechenden Faktor (»immer« mit 4, »häufig« mit 3, »selten« mit 2 und »nie« mit 1) multipliziert haben, addieren Sie nun die vier Ergebnisse zu Ihrem Rubicon-Wert.

Mein **Rubicon-Wert** ist: _____

Auswertung

Weniger als 10 Punkte: Sie haben einen Rechenfehler!

10 bis 18 Punkte: Ihr Rubicon-Wert ist sehr niedrig und Ihr Selbstmanagement vermutlich sehr ineffektiv. Wir empfehlen Ihnen dringend, das Reiss-Motiv-Profil (s. S. 131 ff.) anzufertigen und die Selbstüberlistungsstrategien (Brücken über den Rubicon) gründlich zu studieren.

19 bis 28 Punkte: Auch Ihr Selbstmanagement könnte noch besser sein. Sie sind aber schon auf dem richtigen Weg. Dranbleiben – es lohnt sich!

29 bis 35 Punkte: Sie haben wenig Schwierigkeiten bei der Umsetzung Ihrer Ziele und praktizieren bereits lebenskluge Strategien. Gut so. Lassen Sie sich durch gelegentliche Rückschläge nicht ausbremsen. Die gehören dazu.

36 bis 40 Punkte: Glückwunsch! Aber aufpassen: Das Extreme ist meistens neurotisch und eine übertriebene Individuation wendet sich – laut C. G. Jung – wieder gegen das Selbst. Überkontrolle ist lästig und meist unproduktiv.

DIE RUBICON-THEORIE

1. Quellfluss: Metaphorik – Schlüssel zur Komplexitätsbewältigung

*Die Metapher ist
eine der fruchtbarsten Fähigkeiten des Menschen:
Ihre Macht grenzt an Magie,
und es scheint das kreative Mittel zu sein,
das Gott selbst in seinen Kreaturen
vergessen hat, als er sie schuf.*
ORTEGA Y GASSET

Um Probleme lösen zu können, brauchen Menschen heute ein differenzierteres Verständnis von der komplexen Welt, in der sie leben. Vernetztes Denken zu lernen heißt, in Metaphern denken zu lernen.

Die Einfachheit verschwindet. Die Komplexität nimmt zu. Waren es gestern noch klare Lernziele, so sind es heute Lernkorridore. Konnten wir gestern noch die Zukunft verlässlich auf der Basis von Hochrechnungen erwarten, stehen wir heute vor verschwommenen Zukunftsprojektionen. Egal, in welche Richtung wir auch gehen, wir stoßen auf Komplexität, Unerwartetes oder nach gängigen Erkenntnismustern scheinbar Unbegreifliches.

Metaphern als neues Lern- und Wissenswerkzeug

Hier als Beispiel eine Lernmetapher zum Thema »Selbstverantwortung«:

In der chassidischen Überlieferung des Ostjudentums gibt es die Geschichte vom Rabbi Eisik. Der lebte in Krakau und

33

träumte eines Nachts, er solle nach Prag wandern. Dort, unter der Karlsbrücke, die hinüberführt zum Schloss, werde er einen Schatz finden. Er träumte das drei Mal und wanderte los – von Krakau nach Prag.

Aber in Prag an der Brücke standen viele Wachposten, die den Übergang zum Schloss Tag und Nacht bewachten. Rabbi Eisik konnte es nicht wagen, seine Schaufel zum Graben anzusetzen. Er ging nun jeden Tag zur Brücke, lungerte dort herum und überlegte, wo nun wohl sein Schatz lag. Dem Hauptmann der Wache fiel der Rabbi auf, und schließlich fragte er ihn eines Tages: »Warum kommst du jeden Tag her und lungerst hier herum?« Da erzählte Rabbi Eisik dem Hauptmann von seinem Traum. Der Hauptmann lachte aus vollem Hals und erwiderte: »Wo kämen wir hin, wenn wir Träumen trauen würden? Ich zum Beispiel träume nun schon wochenlang von einem armen Juden in Krakau. Ich solle nach Krakau wandern und unter dem Ofen in seiner Stube graben, dort würde ich einen Schatz finden.« Rabbi Eisik lächelte, als er von diesem Traum hörte, verneigte sich, bedankte sich höflich bei dem Hauptmann und wanderte zurück nach Krakau. Dort angekommen, grub er schleunigst unter seinem Ofen, und da lag der Schatz.

Später, als Rabbi Eisik ein berühmter Weiser des Chassidismus geworden war, pflegte er zu sagen: »Merke dir diese Geschichte. Grab nicht woanders, grab bei dir.«

Aus: Helmut Fuchs: Frisch gewagt ist halb gewonnen. Mehr Selbstvertrauen durch positives Denken. Freiburg 1988.

Ob in der Wissenschaft, in der Gesellschaft oder im Privatleben: Die tief greifenden Veränderungen einer unüberschaubar gewordenen Welt lassen sich nur noch in den Dimensionen des

Komplexen erfassen und verstehen, beschreiben Komplexitätsforscher die Situation. Sie glauben, dass komplexes Denken und
Komplexitätskompetenz im Umgang mit Angst, Ungewissheit
und Mehrdeutigkeit für den Einzelnen wie auch für Organisationen zu einer existenziellen Notwendigkeit geworden sind.

Um die moderne Welt und ihre neuen Spielregeln zu verstehen, ist das Denken alter Prägung unzureichend und zumindest
ergänzungs- und reparaturbedürftig, wenn nicht sogar unange-
bracht. Komplexe Märkte und zukünftige wirtschaftliche Wir-
kungscharakteristiken lassen sich nicht mehr eindimensional,
kausal oder mechanisch-rational bewältigen. Neue Werk- und
Denkzeuge braucht die Welt.

»Wenn Ihr einziges Werkzeug ein Hammer ist, beginnen viele
Dinge wie ein Nagel auszusehen«, schrieb der Motivationsex-
perte Maslow vor vielen Jahren. Konnte der Hammer noch als
Synonym für die Bewältigung der mechanischen Welt gelten, so
erkennen wir in der Metapher das neue Werkzeug zum Umgang
mit Vernetzung und Komplexität.

»Die Metapher ist der Schlüssel zur Komplexitätsbewältigung«, beschreibt der Soziologe Niklas Luhmann die Herausforderung. Für Experten heißt der wichtigste Zukunftsnavigator:
Denken in Metaphern. »Metaphern geben einer Welt Struktur, indem sie das nie erfahrbare, nie überblickbare Ganze der
Realität repräsentieren«, meint Hans Blumenberg.

Komplexitätsfähig kann nur sein, wer metaphorisches Denken mit all seinen kognitiven, emotionalen und symbolischen
Dimensionen entfaltet und kultiviert. Intelligenz-, System- und
Komplexitätsforscher sind sich darüber einig, dass der moderne
Mensch als Problemlöser im Gegensatz zur Vergangenheit deutlich weniger Fachwissen, dafür aber ein differenzierteres, fle-
xibles Modellverständnis benötigt.

Komplexität erkennen

Ob es sich nun um analoge Kompetenzen, verbesserte Abstraktions- und Symbolfähigkeit, emotionale Intelligenz, Blickwinkelvielfalt, das gleichzeitige analytische und synthetische Denken oder die beliebten Szenariotechniken zur Bewältigung des »Prinzips Unschärfe« handelt, es geht dabei meist um neue mentale Qualitäten, die auf metaphorischem Denken beruhen. Sinnvolle Metaphern und das metaphorische Denken schmieden geradezu die Schlüssel für die allzu oft verschlossenen Türen unserer heutigen Zeit: Sie öffnen Wissenschaftlern, Managern oder Politikern ebenso Zugänge zu komplexen Wirklichkeiten wie dem Individuum. Nur im metaphorischen Bedeutungsfeld steht der Geist gleichsam so unter Strom, dass er die vielfältigen kognitiven, emotionalen und bildlichen Dimensionen integrieren kann, ohne die komplexe Wirkungsphänomene unverständlich bleiben müssen.

Der amerikanische Psychologieprofessor und Bewusstseinsforscher Julian Jaynes ist sich vor diesem Hintergrund sicher: »Evolutionär betrachtet ist der metaphorische Prozess die wichtigste Fähigkeit unseres Geistes, da alle entwicklungsbildenden neuen Bewusstseinsmuster nur metaphorisch geschaffen werden.«

Mut zum Handeln

Ohne metaphorische Menschenbilder oder Weltmodelle wären Psychologen, Physiker oder Gehirnforscher ebenso blind für die komplexe Wirklichkeit, wie es alle anderen Wissenschaftler wären, die sich mit komplexen Fragen, Seinszuständen und Phänomenen beschäftigen. So ist auch Chris Argyris, der Altmeister der Organisationsentwicklung, der im Jahr 2000 auf dem Kongress der American Society for Training und Development für sein Lebenswerk ausgezeichnet wurde und als unbestrittener Experte für Lernen in der Organisation gilt, überzeugt: »Metaphern sind mehr als dekorative Redewendungen, sie erzeugen in Wirklichkeit Wege, wie Situationen wahrgenommen, Phänomene geformt und Optionen für Handlungen beschrieben werden.«

Amerikanische Topmanager nutzen zum Beispiel folgende Metapher, um ihren Mitarbeitern die Angst vor persönlichem Wachstum zu nehmen: »Stell dir vor, dein Leben ist eine Reihe von Trapezschwüngen. Die meiste Zeit verbringst du damit, dich an der Trapezstange des jeweiligen Augenblicks festzuhalten. Das gibt dir das Gefühl, dein Leben unter Kontrolle zu halten. Ab und zu schaust du ein Stück vor dich – und siehst eine andere Trapezstange, die dir entgegenkommt und deutlich deinen Namen trägt. Sie ist dein nächster Schritt, dein Wachstum, deine nächste Chance. Und immer wieder hoffst du, dass du die alte Stange nicht ganz loslassen musst, um die neue ergreifen zu können. Du hast Angst danebenzugreifen. Und doch weiß die Stelle in dir, die solche Dinge weiß, dass du für einen Augenblick durch den Raum schleudern musst, ohne Garantie, ohne Rückversicherung, für eine Zeit des Übergangs, in dem das Vergangene schon vorbei, die Zukunft aber noch nicht gesichert ist. In diesem Übergang vollzieht sich die wahre Veränderung: Wir können keine neuen Meere entdecken, wenn wir nicht den Mut haben, die Küste aus den Augen zu verlieren.«

Die Kunst, in Metaphern zu sprechen und zu denken, ist grundsätzlich erlernbar. Achten Sie als ersten Einstieg einfach einmal darauf, welche Metaphern Sie selbst verwenden, oder auf den metaphorischen Sprachgebrauch anderer. Zur Vertiefung empfehlen wir Ihnen unser Buch ›Metaphoring‹ (siehe Literatur).

Metaphern für Manager

Wie umfassend und unabdingbar eine Metaphernkultur zum Beispiel für den Organisationswandel des Culture Change – und die ganz persönliche »Komplexitäts«- und »Kreativkompetenz« des einzelnen Managers – wirklich ist, hat der englische Ökonom Paul Bate analysiert und praktisch umgesetzt. Im Wesentlichen geht es dabei um das so genannte »Kulturfünfeck« – gewissermaßen die metaphorische Quintessenz für einen Unternehmenswandel. Inhaltlich geht es beim Unternehmenswandel im Sinne Bates – grob skizziert – um folgende fünf Dimensionen des metaphorischen Denkens und Handelns im Management:

Dimension 1: Kultur als Ideen (neue Inhalte) Die Führungskraft hilft beim Formulieren und Kommunizieren einer neuen Idee oder eines neuen Denkens. Die dazu passenden Schlüsselmetaphern: Führungskräfte sind Künstler oder Rebellen, Abenteurer, Utopisten, Erfinder, Zauberkünstler.

Dimension 2: Kultur als Sinn (neue Politik und Interaktionen) Die Führungskraft hilft, diese Ideen in einen Korpus von sozial vereinbarten Sinninhalten festzuschreiben, sie in das bestehende Koordinatensystem einzufügen oder dieses zu ersetzen. Schlüsselmetaphern: die Führungskraft als Bedeutung schaffender Geschichtenerzähler, Romancier und Pfadfinder oder Mittler.

Dimension 3: Kultur als Lernen (ethisches, bewusstes Lernen) Die Führungskraft hilft, einen Rahmen moralischer Standards, die den Ausdruck und die Entwicklung dieser Sinninhalte und Gedanken regulieren, zu entwickeln und anderen zu vermitteln. Schlüsselmetaphern: die Führungskraft als Trainer, Mentor oder Lehrer.

Dimension 4: Kultur als Praxis (konkretes Handeln) Die Führungskraft trägt dazu bei, dass vereinbarte Kulturinhalte in konkrete Kulturpraktiken umgewandelt werden – und umgekehrt. Schlüsselmetaphern: Führungskräfte sowohl als Verkäufer, Verfechter,

Anhänger der »offiziellen« Linie und als Späher, Entdecker, Reporter, Ausführer.

Dimension 5: Kultur als Form (Strukturen schaffen) Die Führungskraft fördert die Strukturierung dieser Inhalte und Praktiken zu einem Grundprinzip. Schlüsselmetaphern: Führungskräfte als Architekten, Konstrukteure, Baumeister, Maurer, Bildhauer.

Das Metaphern-Pentagramm von Bate ist eine sehr flexible und kreative Denk- und Handlungsschule für das Management. Steht jedoch das rationale und kurzfristige Denken fest als Hüter vor der Schwelle zu einem neuen Weltbild, und spielen Manager und Politiker weiterhin das Spiel »mehr desselben«, dann schaffen wir vermutlich nie den Quantensprung im Denken, der bereits überfällig ist. Nutzen wir dagegen die Werkzeuge und die Macht der Metapher für unser Wirklichkeitsverständnis, dann schaffen wir im Sinne Gregory Batesons eventuell den Sprung auf eine neue Ebene des Denkens und steigern die Überlebensfähigkeit in chaotischen und komplexen Systemen. Vielleicht erkennen wir dann, was Oscar Wilde – metaphorisch – meinte, als er sagte, das Leben sei viel zu wichtig, um es ernst zu nehmen.

2. Quellfluss: Hirnforschung und neues Lernen

»In unserer Internatsschule im Harz hatten wir bis zu einem bestimmten Tag (als 11. Klasse) den üblichen Musikunterricht mit der üblichen Mischung aus Langeweile und Renitenz gehabt, wobei unsere Haltung zum Musiklehrer durch die Variante mitleidiger Belustigung geprägt war. An diesem Tage nun hörten wir, als wir die Aula, in der der Unterricht stattfand, schon verlassen hatten, vom Flur her Klavierspiel, das offensichtlich von unserem Lehrer stammte. Wir gingen in die (im Nachkriegswinter 1946) eiskalte Aula zurück, setzten uns leise in die letzte Reihe und hörten zu. Der Musiklehrer spielte im Wintermantel in überzeugender Weise alle vier Balladen von Chopin. Als er geendet hatte und wir – diesmal nicht höhnisch, sondern eher zaghaft-verlegen – Beifall klatschten, blickte er erstaunt hoch: Ach, ihr seid ja noch da.

In der nächsten Musikstunde sagten wir zu ihm, wir hätten ja keine Ahnung gehabt, dass er so Klavier spielen könne, das sei schön gewesen, und er solle doch wieder etwas spielen. Er spielte und wir kamen darüber ins Gespräch. Von da an hatten wir keinen Musikunterricht mehr, erfuhren dafür aber viel Wichtiges und Eindrucksvolles über Musik. Für mich kann ich sagen, dass dadurch mein Verhältnis zur Musik bis heute wesentlich mitbestimmt wurde.«

Eine Erinnerung des Lernforschers und Psychologen Klaus Holzkamp.

Ungeplant, ohne die vorgeblich so lernfreundliche didaktische Rahmung – das heißt ohne Vorbereitung, ohne gestuft dosierte Lernanforderungen, ohne Sorge um das angemessene Vorverständnis, um die angeblich so wichtigen und zunächst zu legenden Verständnisvoraussetzungen –, fast beiläufig und zufällig, ohne jede ernstere Lehrabsicht und ohne jeden Lehrvorsatz brechen die Chopinschen Balladen über die so skeptisch sich gebenden Elftklässler herein, und es passiert, was im offiziell auf Lernbarkeit hin gerahmten Unterricht nicht passierte: Die Sache, die im Unterricht nur durchgenommen wurde, ohne je anwesend zu werden – diese Sache war präsent, berührte und verband die Menschen und weckte die Lust, sie weiter kennen zu lernen, sich in sie zu vertiefen.

Das Holzkamp-Beispiel zeigt noch anderes: Nicht nur unverhofft, sondern ausgesprochen karg, um nicht zu sagen ärmlich geht es bei dieser Initiation in musikalische Erfahrung zu. Keine Boxen, keine Musteraufnahmen, keine opulenten musikhistorischen Einführungsmaterialien, keine Mitlesepartituren stehen zur Verfügung – auch keine Kopien von Arbeitsblättern, in denen möglicherweise Aufmerksamkeitsrichtungen und Fragen so vorformuliert sind, dass daraus kontrollierbare und vergleichbare Lernleistungen abzuernten wären. Nicht einmal warm ist es in dem Raum – eine unzumutbare Dürftigkeit der Lernumwelt, so möchten wir geneigt sein, aus lernpädagogischer Sicht zu urteilen. Die didaktischen Existenzminima sind, wie der Lernforscher Prof. Dr. Horst Rumpf von der Uni Frankfurt in seiner kritischen Betrachtung ergänzt, weit und deutlich unterschritten. Und trotzdem passiert etwas, was in unseren opulent ausgestatteten Lernumwelten – wenn nicht alles trügt – nur selten passiert.

Jüngere Forschungsansätze zeigen immer deutlicher auf, dass Lernen gerade in der Fort- und Weiterbildung als ein aktiver, selbst gesteuerter und kommunikativer Prozess zu begreifen ist, der vermutlich deutlich weniger, als wir uns bislang vorstellen konnten, mit dem traditionellen Konzept von Instruktion, Belehrung und Wissensvermittlung zu tun hat. Statt rezeptiv und instruktiv zu lernen, geht es bei diesem Prozess um täglich abgefordertes konstruktives Problemlösen. Ein dringend notwendiger und deutlich verspäteter Paradigmenwechsel, ein Reframing pädagogischen Denkens zeichnet sich ab.

Jüngste Forschungsergebnisse des Max-Planck-Instituts für Hirnforschung liefern die wissenschaftlichen Grundlagen für die dringende Notwendigkeit, sich von einem technologischen Verständnis von Pädagogik und Lernen zu verabschieden. »Zunächst einmal müssen wir alle Metaphern, die aus der technischen Informationstheorie stammen, über Bord werfen«, fordert Fritz B. Simon in seinem Buch ›Die Kunst, nicht zu lernen‹.

Wie die PISA-Studie unlängst gezeigt hat, lässt sich die Kritik an unserem Bildungswesen und an der Art der Lösungsbetrachtung noch deutlich verschärfen. Traditionelle Schulen vermitteln im Zwang organisatorisch scheinbar notwendiger Kontrollmechanismen und Rahmenrichtlinien – vereinfacht gesagt – vorwiegend »träges Wissen« und kaum lebensweltlich relevante Kompetenzen, wenig Denk- und Lernfähigkeiten und wenig Zugang zu neuen Sichtweisen (siehe auch die Kapitel »Metaphorik«, S. 33, und »Konstruktivismus«, S. 83).

Auch für die Erwachsenenbildung und speziell für die betriebliche Weiterbildung gilt, dass die Nähe zur mittelalterlichen Klosterschultradition größer ist als zur modernen Hirn- und Wissensforschung.

Begrifflichkeiten wie »metaphorisches Lernen«, »beiläufiges Lernen« oder »erlebnisorientiertes Lernen« bekommen auf diesem Hintergrund einen neuen Stellenwert und rücken ebenso wie die so genannten Bindestrich-Pädagogiken (Freizeit-Pädagogik, Spiel-Pädagogik, Erlebnis-Pädagogik, Umwelt-Pädagogik, Friedens-Pädagogik) in einen neuen Betrachtungszusammenhang und -wert.

Menschliches Wissen, so versichert uns die Beschäftigung

mit der aktuellen Hirn- und Wissensforschung, ist dreifach gegliedert. In **explizites Wissen** (nennen, sagen), in **implizites oder Handlungswissen** (schaffen, tun, handeln) und **bildliches oder Anschauungswissen** (sehen, erkennen).

Die dreifache Begründung des Wissens und seiner Verarbeitung liegt in unserer Natur und wird von der Art und Weise, wie wir die Welt erfahren, bestimmt. Sie resultiert aus den Erkenntnissen der Hirnforscher über Verarbeitungsprinzipien unserer Sinnessysteme und unseres Gehirns.

Obwohl – wie der Hirnforscher und Psychologe Ernst Pöppel es erklärt – diese dreifache Begründung des Wissens ein Wesensmerkmal des Menschen ist, müssen wir uns dieser Tatsache dennoch immer wieder versichern. Geschehnisse, die wir im Alltag mühelos bewältigen, wie zum Beispiel einen entgegenkommenden Menschen als Freund zu identifizieren, ihn anzustrahlen, ihm die Hand zu reichen und mit ihm zu sprechen, bleiben meist unreflektiert, unbewusst und sind selbstverständlich. Sie laufen automatisch ab, ohne dass wir uns all die komplizierten Mechanismen, die dies erst erfolgreich ermöglichen, bewusst machen.

In einer modernen Wissensgesellschaft müssen wir aber, wenn wir nicht nur erfolgreich, sondern auch parziell »glücklich« werden wollen, alle Formen des Wissens zur Geltung bringen. Eine wesentliche Weise der Repräsentation des Wissens ist die Visualisierung, wobei jede Wissensform eigene Visualisierungen herausfordert.

Das explizite Wissen

Traditionellerweise verbindet man mit dem Begriff »Wissen« verbal verfügbares, explizites Wissen (sagen), also Information mit Bedeutung. Man weiß Bescheid und kann dieses Wissen abrufen, um etwas zu erklären, es aktiv zu benutzen. Dieses Wissen lässt sich beispielsweise in Diagrammen verbildlichen, in denen kausale Beziehungen zwischen Sachverhalten veranschaulicht werden. Das explizite Wissen ist uns bewusst. Im expliziten Wissensspeicher sitzt das abspeicherbare Wissen aus Lehrbüchern und Enzyklopädien – das Schulwissen, die so genannte »Bildung«.

Gesellschaftlich betrachtet messen wir dem expliziten Wissen einen hohen Stellenwert bei. In der Tradition der Rationalisten René Descartes, Issac Newton und Francis Bacon, der noch die Natur »mit Hunden hetzen wollte«, um ihr die letzten (expliziten) Geheimnisse zu entjagen, und des funktionellen Denkens Galileo Galileis hat der Mensch in den letzten fünfhundert Jahren Gigantisches geschaffen.

Immerhin sind wir dank dieser Betrachtung, wie der Alltagsphilosoph Loriot es formulierte, »das einzige Lebewesen, das es geschafft hat, bei einem Flug in 10 000 Metern Höhe noch eine warme Mahlzeit zu sich zu nehmen«.

Das Material des expliziten Wissens kann, um mit dem Split-Brain-Forscher und Medizin-Nobelpreisträger Dr. Roger Sperry zu sprechen, auch als »linkshemisphärisches« Wisssen bezeichnet werden. Die Konsequenzen einer Reduktion verfügbaren Wissens auf rein linkshemisphärisch rationale Betrachtungsweisen lassen sich gegenwärtig in allen Ecken des täglichen Lebens ausmachen, vom Anstieg der Zivilisationskrankheiten (Krebs, Aids, Depressionen etc.) über die Unwetterkatastrophen infolge der systematischen Zerstörung der Natur bis zum Einbruch der auf Vorhersagbarkeit und Kontrolle ausgerichteten Wirtschaftssysteme und der allgemeinen Resignation. Wenn Sokrates sagte: »Ich weiß, dass ich nichts weiß«, dann bezog es sich auf das explizite Wissen.

Das implizite oder Handlungswissen

Mit der zweiten Form des Wissens, dem impliziten Handlungswissen (tun), beziehen wir uns auf etwas, das wir können, ohne dass es uns möglich ist, es genau zu erklären, also exakte sprachliche Entsprechungen zu finden. Haben wir das explizite Wissen mit dem Sokratischen Satz: »Ich weiß, dass ich nichts weiß«, beschrieben, so gilt für das implizite Wissen eher die Aussage: »Ich weiß nicht, dass ich weiß.« Pöppel erklärt den Unterschied zwischen explizitem und implizitem Wissen gerne mit dem Ausspruch von Augustinus: »Was ist also Zeit? Wenn mich niemand danach fragt, weiß ich es; will ich es einem Fremden erklären, weiß ich es nicht.«

Im Handlungswissen kommen Intuitionen und emotionale Wertungen zur Geltung. Die analytische Betrachtungsweise ist daher unbefriedigend – wie im Beispiel von Holzkamp der Musikunterricht, der nur auf Noten ausgerichtet ist und somit das Ganze in seine Bestandteile zerlegt. Sehr viel besser vermitteln dynamische Bilder, metaphorische Betrachtungen und sinnliche Erlebnisse das notwendige Handlungswissen, da dieses von Natur aus prozesshaft ist. Implizites Wissen ist auch körperliches Wissen, wie wir es beispielsweise bei bestimmten sportlichen Bewegungsabläufen oder beim Spielen eines Musikinstrumentes benutzen. Den impliziten Speicher, das implizite Wissen nutzen wir, wenn wir Golf oder Tennis spielen, wenn wir kochen oder ein Blumenbeet oder Gewächshaus anlegen.

Natürlich lässt sich ein komplizierter Bewegungsablauf wie zum Beispiel Ski laufen auch noch als Erwachsener lernen. Aber denken wir an die frustierenden Erfahrungen von Eltern, die im Skikurs mühsamst – an die vorrangige Benutzung des expliziten Speichers durch Schule und Beruf gewöhnt – die Bewegungen beim Skilaufen in Einzelteile zerlegen, um es zu lernen: Knieelastizität, Fersenschub, Talskibelastung, offene Schulter, Blick ins Tal, Stockeinsatz – und alles gleichzeitig . . .

Nebenan im Kinderskikurs saust der Filius bereits – bei gleicher Lernzeit – mit Rückenlage und Schneepflug sicher ins Tal, weil er unreflektiert die Kontrolle seiner Bewegungen dem implizierten Speicher überlässt. Erst wenn es den Eltern später gelungen ist, mit mehreren Zwetschgenwassern den expliziten Speicher unter »psychologischen Nebel« zu setzen, stellen sich erste zufrieden stellende Fortschritte ein.

Im impliziten Wissen drücken sich unsere Intuitionen aus, ohne die ein Künstler, ein Wissenschaftler, ein Handwerker, ein Politiker, ein Unternehmer, ein Sportler, eine Hausfrau nicht wirken und nichts erreichen können. Der ungeahnte Reichtum, der jedem Menschen im impliziten Speicher zur Verfügung steht, sind explizit nicht berechenbar, nicht anzugeben und auch nicht exakt zu überprüfen. Gerade diese Nichtberechenbarkeit unserer Innenzustände macht unsere Individualität aus (siehe auch das Kapitel »Motivationsforschung«, S. 77).

Unseren Alltag bewältigen wir zum größten Teil mit unserem impliziten, nicht-sprachlichen und meist nicht bewussten Wissen. Implizites Wissen ist unser handlungsleitendes Wissen, unser Gewohnheitswissen des Alltags und der alltäglichen Routinen und Rituale. Die meisten Entscheidungen erfolgen intuitiv, »aus dem Bauch heraus«, auch wenn uns diese emotionale Färbung oft nicht bewusst ist. Vieles kann aber durch eine Nachbetrachtung erschlossen werden. Nicht umsonst sagt der Therapeut zum Klienten: »Das Leben wird immer vorwärts gelebt – und erst rückwärts verstanden!« Retrospektiv können wir uns, wie der Neuropsychologe Pöppel es formuliert, mithilfe der Reflexion der Sinnhaftigkeit des Handelns versichern.

Eine alte erlebnispädagogische Weisheit sagt: »Das, was uns im Leben erfolgreich gemacht hat, sind meist nicht die Dinge, die wir gelesen, gehört oder gesehen haben. Es sind vielmehr die Dinge, die wir erlebt, erfahren und empfunden haben!« Also die meist beiläufig und selten absichtlich »gelernten« Inhalte des impliziten Speichers.

Bildliches Wissen

Etwa die Hälfte des menschlichen Gehirns ist mit visueller Informationsverarbeitung beschäftigt (sehen), das heißt, wir Menschen sind Wesen, die auf der Grundlage ihres Bauplans verbildlichen müssen.

Diese dritte Form des Wissens, dass wir etwas ins Bild setzen, um uns selbst ins Bild zu setzen, hat einen unmittelbaren Gegenwartsbezug. Sensorische Erfahrungen sind immer »jetzt«, während begriffliches Wissen vergangenheits- und Handlungswissen zukunftsorientiert ist.

Bildliches Wissen wird noch unterteilt in **Anschauungswissen**, **Erinnerungswissen** und **Vorstellungswissen**.

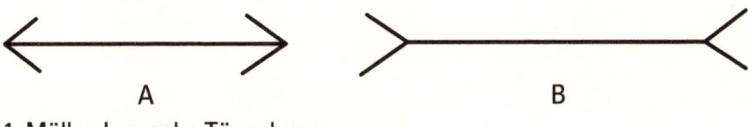

1. Müller-Lyersche Täuschung

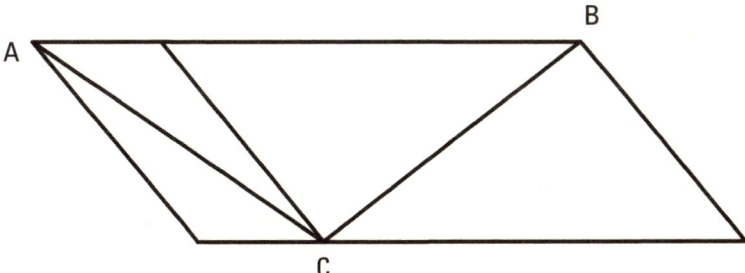

2. Sandersches Parallelogramm

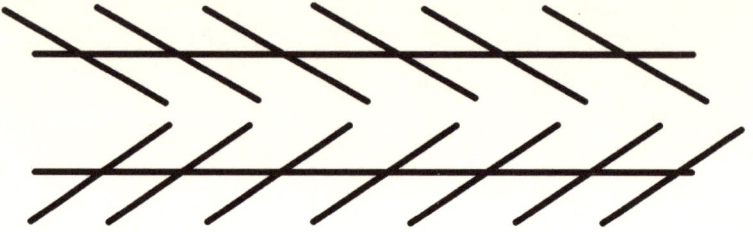

3. Heringsche Parallelentäuschung

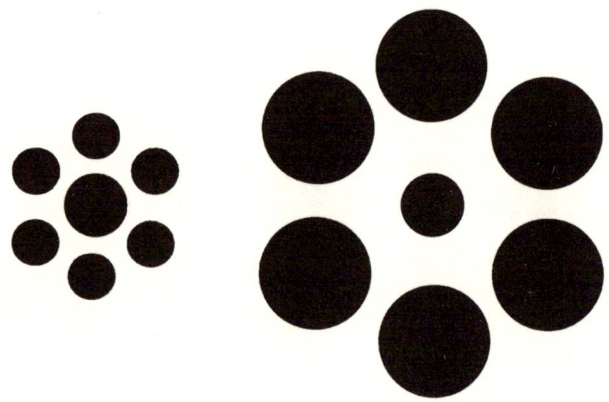

4. Ebbinghaussche Kreistäuschung

Das sinnliche **Anschauungswissen** ist, wie Pöppel es formuliert, uns so selbstverständlich, dass wir es erst erkennen, wenn es verloren gegangen ist. Oder, könnte man hinzufügen, wenn es in seiner konstruktivistischen Fragwürdigkeit durch eine Konfrontation mit anderen Sichtweisen identifiziert wird.

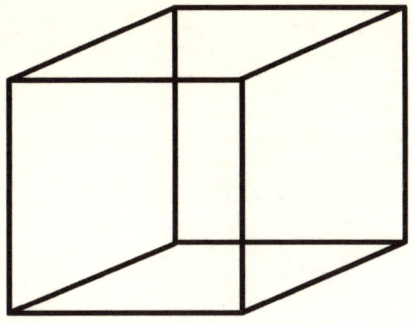

5. Neckerscher Würfel

6. Rubinsches Pokalbild

7. Alte Frau/Junge Frau

Abb. 1. bis 7. aus: Helmut Fuchs: Die Kunst, (k)eine perfekte Führungskraft zu sein. Wiesbaden 1999.

»Die Welt stellt sich uns bildlich vor in Formen und Gegenständen, in ruhenden und bewegten Gestalten. Diese Konstruktion
der visuellen Welt erfolgt völlig mühelos, indem unser Auge die
Umrisse von Objekten wahrnimmt und sie als Figuren und Muster vom Hintergrund abtrennt. Das Bewusstsein erhält dadurch
das Signal, dass wir die betreffenden Objekte sehen. Es ist immer etwas Bestimmtes, was wir sehen, und in diesem Wahrneh-
mungsakt wird das Gesehene für wahr genommen. Beim Aufbau

50

des visuellen Wissens unterliegen wir einem kategorialen Zwang; das Gehirn mit seinen Sinnessystemen kann gar nicht anders als gestaltend zu wirken, das heißt etwas Bestimmtes zu erkennen. Das Wahrnehmen von Gegenständen, die Gliederung des Sehraumes und die Gestaltung der visuellen Welt, an der etwa die Hälfte des Gehirns beteiligt ist, ist ein Ausdruck unseres bildlichen Wissens, das vor allem unser gegenwärtiges Erleben bestimmt« (Pöppel 2000).

Auf unser Vorstellungswissen greifen wir vermutlich vor allem bei der Konstruktion von situativ ausgelösten Gefühlen in Verbindung mit unserem Erinnerungswissen zurück. Etwa wenn wir zum Beispiel einem bestimmten Menschen begegnen oder ein spezielles Bild sehen und spontan mit negativ-abwehrenden oder positiv-zuwendenden Emotionen reagieren.

Eine zweite Form des bildlichen Wissens ist unser **Erinnerungswissen.** Sinnliche Erfahrungen und lebensspezifische Episoden tragen wir als Erinnerungen mit uns herum. Sie beeinflussen unser Erleben stärker, als wir wahrhaben wollen. Oft sind diese inneren Bilder noch verbunden mit Gerüchen oder Orten, die sich auf entscheidende – verletzende, beglückende oder deprimierende – Stationen unserer Lebensgeschichte zurückführen lassen.

Solche bildhaften Erinnerungen prägen uns und unsere Auseinandersetzungen mit dem Hier und Jetzt und definieren unser Selbst. Fragt man Menschen nach ihrer ersten Erinnerung, werden sie in der Regel Bilder abrufen, und diese Bilder beziehen sich dann auf bestimmte Personen, Orte und Erfahrungen. Damit sich unser Selbst, unsere Identität, ausprägen und erweitern kann, müssen wir uns bis an die Grenzen möglicher Erfahrungen vorwagen. Wer in seiner Lebensentfaltung Schmerz- und Lusterfahrungen beim Verlassen seiner »Komfortzone« vermeidet und niemals Risiken eingeht, dessen Identität bleibt blass und sein Leben erfolglos.

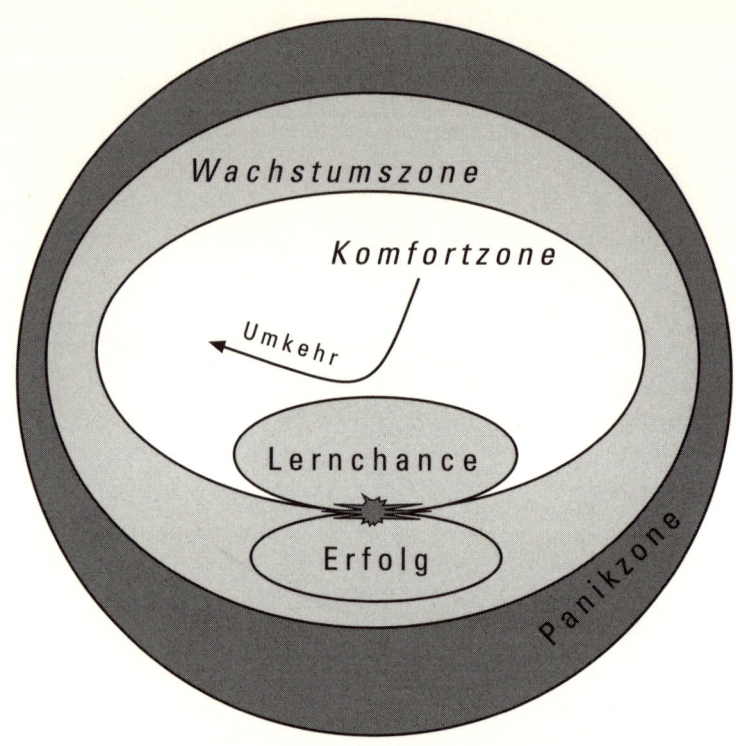

Aus: Arbeitspapiere der TAM Trainer-Akademie-München

»Erst an den Grenzen erkennen wir uns, und diese Grenzerfah-
rungen in Lust und Schmerz, Liebe und Verzweiflung sind es,
die für immer als Bilder in unseren Erinnerungen bleiben«,
heißt es in dem Band ›Weltwissen Wissenswelt‹.

Bildliches Wissen als Erinnerungswissen ist also grundlegend
für das Selbstwissen und kann, pädagogisch betrachtet, nicht in
explizit ausgerichteten Lernsituationen wie in klassischen Seminaren vermittelt werden, sondern bedarf spezifischer Lernumwelten, wie wir sie zum Beispiel bei erlebnispädagogischen
Übungen und Outdoor-Trainings oder High-Ropes-Seminaren
gestalten können.

Erfahrungen mit Outdoor-Training
zur Aktivierung des impliziten Speichers

Die Notwendigkeit, dass Unternehmen sich Veränderungen anpassen müssen, ist offensichtlich. Damit verbunden ist der Aufruf an die Mitarbeiter und vor allem an die Führungskräfte, dem Rechnung zu tragen. Der Aufruf ist laut und vernehmlich zu hören. Die Frage, welche Kompetenzen für den Manager von heute und morgen – ob mit oder ohne Personalverantwortung – in Unternehmen benötigt werden, wird nun schon seit einer gewissen Zeit intensiv in den Unternehmen diskutiert. Die Dienstleister der Management-Trainingsszene bieten entsprechend umfangreiche Management-Seminare hierzu an.

Mehr Flexibiltät, mehr Gestaltungsfreiräume, mehr Verantwortung, mehr Teamarbeit, mehr Kompetenzen, mehr Mut, mehr Risikobereitschaft werden gefordert. Diese Kernkompetenzen gewinnen enorm an Bedeutung – das ist richtig und gut so. Wer würde dem auch widersprechen wollen. Auf der Suche nach angemessenen Methoden und vor allem nach den einschlägigen Erfahrungen vieler Unternehmen mit entsprechenden Reengineering-Prozessen kommen allerdings allenthalben Zweifel auf, ob der Appell »Wir müssen uns verändern!« etwas ändert. Den Autor Fuchs, der in seinem ersten Leben Pädagoge war, überrascht es allerdings wenig, wie ineffektiv viele der herkömmlichen Methoden sind. Die Einsicht, manchmal sogar die Einsicht in die Notwendigkeit, bewirkt eher wenig. Als ob der Raucher nicht wüsste, dass Rauchen ungesund ist.

Der kognitive Ansatz zur Verhaltensänderung wird das über Jahre oder Jahrzehnte erlernte Verhalten, das zudem noch von Erfolg gekrönt war, kaum modifizieren. Dieser Ansatz reicht nicht aus, die als wichtig erkannten Kernkompetenzen in den Berufsalltag als neue Handlungsmaxime zu integrieren.

Outdoor-Training

Outdoor-Training ist eine probate und hochwirksame Methode, wichtige Kernkompetenzen zu erlernen. Es ist gegenüber allen anderen uns bekannten Methoden diejenige, die in kurzer Zeit Verhaltensmodifikationen herbeiführt, längerfristig wirkt, einen hohen Wirkungsgrad entfaltet und einen hohen Transfer in den beruflichen Alltag nach sich zieht. Kurz: Die Wirkungen sind beeindruckend.

Die Erfahrungen, die wir in den letzten Jahren mit dieser Methode machen konnten, haben dazu geführt, dass sie ein zentrales Element von Personalentwicklungsmaßnahmen geworden ist und inzwischen zum Standardrepertoire unserer Aus- und Fortbildungskonzepte zählt.

Die persönlichen Erfahrungen, die jeder Teilnehmer mitnimmt, sind für den beruflichen wie auch für den privaten Menschen beträchtlich. Die Selbsteinschätzung wird differenzierter, persönliche Grenzen werden neu definiert und in der Regel erweitert. Beispielhaft sei hier beschrieben, welche Beobachtungen hierzu gemacht werden konnten. Aus dem vom Mitarbeiter als richtig wahrgenommenen Appell: »Ich darf und soll zum Nutzen des Unternehmens und meiner beruflichen Entwicklung mutiger sein«, wird die folgende Kognition handlungsbestimmend: Sie entwickelt sich zu »Ich will mutiger sein.« – »Ich bin mutiger als ich dachte!« – »Ich kann mutiger sein, wenn ich will.«

Individuelle Lernerfahrungen

Dem zugrunde liegt das Erlebnis der individuellen Person im Outdoor-Training, was Mut ist, wie mutig sie zu sein glaubt und wie mutig sie tatsächlich ist. Das heißt, der Teilnehmer erfährt mental und körperlich, was Mut ist und wie mutig er ist. Plötzlich ist somit auch der Maßstab vorhanden, an dem der Teilnehmer festmachen kann, was es heißt, in Zukunft mutiger zu sein, und was dann mit ihm passieren wird.

Mehr Mut im Beruf zu entwickeln kostet die gleiche Überwindung (mit den gleichen physiologischen Reaktionen) wie bei den Übungen im Outdoor-Training: Herzklopfen, Aufgeregtheit. Er weiß auch, worauf er sich einlässt. Der Weg führt über Unbehagen und sogar Angst zum Mut. Das bedeutet: »Ich tue diesen Schritt.« Und nicht mehr: »Ich tue diesen Schritt nicht«, mit dem Ziel der Angstvermeidung. Das ist ein gewaltiger Unterschied.

Man redet nicht darüber, in Zukunft mutiger zu sein, sondern man erlebt, was es bedeutet, Mut zu haben. Dieses Erlebnis ist ungeheuer prägend.

Von diesem Erlebnis der eigenen Stärke und Grenzen durch Outdoor-Training ist der Schritt, »wie mutig gehe ich neue berufliche Anforderungen an«, klein.

Lernerfahrungen zwischen Personen

Der Umgang zwischen den Mitarbeitern auf den unterschiedlichen Hierarchieebenen, der Umgang zwischen Kollegen, auch zwischen denen, wo die »Chemie nicht stimmt«, wird positiv beeinflusst. Die Form und Möglichkeit von Zusammenarbeit ist durch Outdoor-Seminare gestaltbar.

Die Suche nach und das Finden von Lösungen durch Kooperation zwischen zwei Partnern und die Erfahrung gegenseitiger situativer Abhängigkeit machen die Vorzüge von Zusammenarbeit erlebbar. Übungen werden eingesetzt, die augenfällig werden lassen, dass Führung schwieriger und verantwortungsvoller ist, als geführt zu werden. Dies wird so eindringlich erfahrbar, dass sie die Sensibilität dafür weckt, dass situationsgerechte und nach Reifegrad angemessene Führung eine hohe Qualifikation bedeutet.

Feedback-Möglichkeiten und Rollentausch machen jedem Teilnehmer klar, was die Führungskraft ihrem Mitarbeiter in einem beruflichen Abhängigkeitsverhältnis zumutet. Führungskräfte gehen nach Outdoor-Seminaren mit ihrer Macht wesentlich sensibler um und setzen sie differenzierter ein.

Gruppenerfahrungen

Das Erlernen effizienterer Teamarbeit ist möglich. Anfangs scheinbar nicht zu lösende Aufgaben werden durch Kooperation gelöst. Teilaufgaben werden differenziert vergeben, individuelle Kompetenzen abseits der Hierarchien werden genutzt, und unter Beteiligung aller Kräfte werden kreative und erfolgreiche Lösungen entwickelt. Das verbindet, schweißt zusammen und macht sinnfällig, was an Potenzial im Individuum und welche potenzierten Energien in Gruppen stecken.

Einsatzbereitschaft und Verantwortung für andere, für die gemeinsam getragene Aufgabe sowie für eine Lösung machen deutlich, was Teamarbeit heißt und was sie bewirken kann.

Kurzfristige Wirkungen auf Mitarbeiter

Wir erleben Teilnehmer nach Outdoor-Seminaren immer mehr oder weniger euphorisiert. Natürlich wirkt sich dies auch auf die Stimmungslage der Arbeitsgruppen aus und beeinflusst die Flexibilität, mit der nun alte und neue Herausforderungen im Beruf angepackt werden, positiv.

Die Wertschätzung untereinander steigt und der Respekt gegenüber der Führungskraft oder den Mitarbeitern wächst. Die Wahrnehmung der Vorstellungen und Ziele anderer nimmt ebenso zu wie die Reaktion darauf. Gemeinschafts- und Wir-Gefühl im Hinblick auf ein Ziel und auf die gemeinsamen Anstrengungen, dieses Ziel zu erreichen oder gar zu übertreffen, sind sehr hoch.

Langfristige Wirkungen

Auch zwei Jahre nach dem ersten Outdoor-Seminar einer Gruppe von Führungskräften schwingt dieses gemeinsame Erlebnis bei jeder Begegnung der damaligen Teilnehmer mit. Das damalige Team war verantwortlich für eine Geschäftseinheit ihres Unternehmens und verzeichnete extreme Erfolge.

Der Beitrag, den Outdoor-Seminare hierzu leisten, lässt sich verständlicherweise nicht quantifizieren. Aber jedem Teilnehmer ist bewusst, dass er erheblich ist.

Die Teilnehmer der damaligen Gruppe arbeiten heute mehrheitlich in anderen Funktionen – bei Begegnungen ist es aber sofort wieder da, das Gefühl, die Erfahrung und das Wissen: »Wir können uns aufeinander verlassen! Wir bewältigen Herausforderungen!«

Aus: Seminarbericht der TAM Trainer-Akademie-München

Bildliches Wissen hat aber noch eine dritte Ausprägung im so genannten **Vorstellungswissen.**

Erinnerungswissen hat große individuelle Bedeutung und eine große »Ich-Nähe«. Vorstellungswissen bezieht sich eher auf topologische Strukturen, die wir aus der Distanz betrachten. »Modelle der Wirklichkeit« nennt sie der konstruktivistische Psychologe.

Diese Form des bildlichen Wissens ist zum Beispiel Gegenstand der Geometrie. Wenn wir einfache Abhängigkeiten oder Beziehungen veranschaulichen wollen, greifen wir gerne etwa auf die Darstellung in x/y- Koordinaten zurück. Auf diese Weise können wir grafisch (bildhaft) Zusammenhänge und Abhängigkeiten ausdrücken, die durchaus aus verschiedenen Kontexten stammen können und uns erst ins Auge fallen, wenn wir sie uns grafisch »vorstellen« (siehe Beispiel »Tageszeit und Arbeitsleistung«). Beschrieben wir diese Phänomene nur mit Worten (explizit), wären sie eher schwer erklärbar.

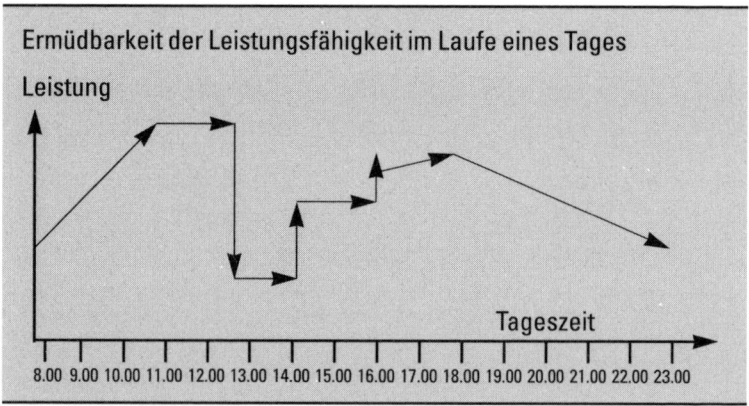

Aus: Arbeitspapiere der TAM Trainer-Akademie-München

Die drei genannten Formen des Wissens, das Sagen, Tun und Sehen, sind an unterschiedliche Mechanismen des Gehirns gebunden, was aber nicht bedeutet, dass sie unabhängig voneinander agieren. Es gibt in unserem Erleben vermutlich keine einzige Funktion, die jeweils unabhängig von anderen Funktionen ist, und dies trifft auch auf die drei Formen des Wissens zu.

Nimmt man die drei Wissensformen zusammen, wird deutlich, dass es keinerlei Sinn macht, der »Informationsgesellschaft« das Wort zu reden, da man dabei ausblendet, dass damit meist ausschließlich das explizite Wissen gemeint ist. Wissen als Information mit Bedeutung ist nur eine Teilmenge dessen, was eine moderne, handlungsorientierte Wissensgesellschaft bestimmen sollte.

»In der Tat ist es aber notwendig, alle drei Wissensformen zu entwickeln«, bilanziert der renommierte Hirnforscher Ernst Pöppel den Stand der Erkenntnis, »nur begriffliches Wissen ist unfruchtbar, nur Handlungswissen ist ziellos, und nur bildliches Wissen ist unverbindlich.«

3. Quellfluss: Volitions- und Handlungsforschung

Klug wie Einstein, handlungsstark wie James Bond

> *Der eine wartet, dass die Zeit sich wandelt,*
> *der andere packt sie kräftig an und handelt.*
>
> DANTE

Die wichtigsten Karrierefaktoren im Berufsleben sind heute Fachwissen und Sozialkompetenz, darüber scheinen sich die unterschiedlichen Experten einig zu sein. Doch schaffen wir damit den entscheidenden Paradigmenwechsel, werden diese Eigenschaften auch in Zukunft noch gefragt sein? Wie sieht der Mitarbeiter der Zukunft aus? »Der erfolgreiche Mensch der Zukunft ist der kluge Macher – etwa eine Mischung aus James Bond und Albert Einstein«, so das Fazit einer Studie.

»Der kluge Macher nutzt intelligent sein fundiertes und breites Wissen und handelt umsetzungsorientiert«, erläutert Jeannette von Ratibor. Unter ihrer Leitung entstand die Studie, die die Boston Consulting Group (BCG) in Zusammenarbeit mit der Bertelsmann-Stiftung erstellte und dazu 75 Führungskräfte befragte. »Das Profil des gestaltenden Mitarbeiters lässt sich mit der Formel W+E3 zusammenfassen: Wissen, gepaart mit Energie, Engagement und Eigeninitiative«, schreibt ›Die Welt‹.

Den klugen Macher gibt es heute schon: »Doch als Grundvoraussetzungen für beruflichen Erfolg gelten immer noch eher soziale Kompetenzen wie Team- und Kooperationsfähigkeit«, so Ratibor. »Machereigenschaften wie Ergebnisorientierung und unternehmerisches Denken erleben dagegen eine Renaissance: Vernetztes Denken, Kreativität, Überzeugungskraft und Ergebnisorientierung werden künftig immer wichtiger.«

In der heutigen Welt scheint nur der Wandel das Beständige zu sein. Das erfordert von Menschen eine Fähigkeit, die früher längst nicht so wichtig war wie heute: Flexibilität. Scheinbar widersprüchliche Eigenschaften soll der erfolgreiche Macher schon allein deshalb mitbringen, weil auch seine künftigen Aufgaben nicht von Widersprüchen frei sein werden. So muss immer wieder Schnelligkeit gegen Genauigkeit abgewogen werden. Wie viel Genauigkeit brauchen wir und wie hoch ist der Einsatz für den Rest? Komplexitätsbewältigung muss sich gegebenenfalls mit größerer Unschärfe zufrieden geben.

Der Arbeitsmarkt der Zukunft sucht immer häufiger Bewerber mit so genannten »Mischqualifikationen«: junge Fach- und Führungskräfte mit vorzüglichen fachlichen Kenntnissen plus sozialen Kompetenzen und Durchsetzungskraft und Umsetzungsstärke.

»Soziale Kompetenz« bedeutet heutzutage erstens die Fähigkeit, sich in die Rolle anderer hineinzuversetzen, zweitens die Fähigkeit, auf Veränderungen flexibel und selbstständig reagieren zu können, und drittens die Fähigkeit und Bereitschaft, auch über das Internet im Team arbeiten zu können. Denn häufig ist kein persönlicher Kontakt mehr möglich. Bei virtuellen Teams, die weltweit arbeiten und nur über Internet, Mobiltelefon und Webcam kommunizieren, ist Improvisation und interkulturelle Kompetenz gefragt.

Die Unternehmensberatung A. T. Kearney befragte mehr als 1300 Executives für ihre Studie »Leadership in the Digital Economy« zu den Unternehmer- und Managementqualitäten in der digitalen Ökonomie. Die Antworten zeigen, dass die Executives von heute für das Business von morgen Eigenschaften von gestern bevorzugen. Für den Erfolg eines Managers im E-Business wurde mit 76 Prozent »die Fähigkeit, eine Geschäftsstrategie zu entwickeln und zu implementieren« am häufigsten genannt. Die Beherrschung des »operativen Managements« folgte mit 59 Prozent. Erst an dritter Stelle findet sich mit 53 Prozent der Antworten »Verständnis für neue Technologien«. Auf der persönlichen Ebene steht »Kommunikationsfähigkeit« (63 Prozent) ganz oben. Auf Rang zwei folgen gleichwertig »Integrität« und »Visionskraft« (je 44 Prozent).

Auch das Beratungsunternehmen Egon Zehnder International spricht in seiner Untersuchung »Kompetenz, Entschlossenheit und Emotionale Intelligenz« von einer neuen Führungskultur: »Harte« Management-Kompetenzen wie Innovationsfähigkeit, Entscheidungsfreude und Fachwissen reichen nicht mehr aus, um Unternehmen in Zukunft erfolgreich zu führen. Kompetenzen wie Kommunikationstalent, Empathie und ein kooperativer Führungsstil kommen hinzu. Entscheidend für die Wirtschaft von morgen ist die Balance dieser »harten« und »weichen« Qualifikationen.

Rund 1600 Führungskräfte unter vierzig Jahren wurden von Zehnder International befragt. Die wachsende Verantwortung der Nachwuchskräfte spiegelt sich vor allem im Umfang der direkten Führungsverantwortung für Mitarbeiter wider. In der Altersgruppe unter dreißig Jahren haben die befragten Manager deutlich häufiger und weit reichendere Führungsverantwortung als in einer vorangegangenen Zehnder-Studie.

Prof. Dr. Klaus F. Zimmermann, Präsident des Deutschen Instituts für Wirtschaftsforschung (DIW), ist überzeugt, dass es in Zukunft keine »typischen« Akademikerlaufbahnen mehr geben wird. Jobhopping wird immer normaler, und da gleichzeitig flachere Hierarchien und Dezentralisierung in Zukunft dominieren werden, sind auch die Wege »nach oben« kürzer.

Nach Meinung von Jochen Kienbaum, Berater und ehemaliger Präsident des Bundesverbandes Deutscher Unternehmensberater (BDU), sollen Nachwuchskräfte bereits im Studium Auslandserfahrungen sammeln. »Und«, fordert er, »schon die Hochschulen müssten internationales Management lehren.«

Was sagt die Volitionsforschung zum Thema »Umsetzungsstärke und Handlungsorientierung«?

Wünschen, Wählen, Wollen und Handeln: Diese vier Begriffe umfassen nahezu alles, womit sich unser Buch über das Rubicon-Prinzip beschäftigt.

Wünschen – damit beginnt eigentlich alles. Kaum ein Mensch kann auch nur eine Stunde lang wach sein, ohne dass nicht die unterschiedlichsten inneren Bilder als wünschens- und erstrebenswert auftauchen. Sigmund Freud, der bekannte Psychologe und Urvater der Psychoanalyse, vermutete schon, dass uns selbst des Nachts das Wünschen nicht ruhig schlafen lässt. »Wunschlos«, wie man sagt, »glücklich zu sein«, ist jedenfalls die kürzeste Einheit einer motivationspsychologischen Zeitmessung, so lange wir nicht bewusstlos sind.

Das Substantiv zum Verb »wünschen« tritt meist im Plural auf – das kann man bei Grußadressen zu beliebigen Ereignissen wie Weihnachten, Geburtstagen oder anderen Feierlichkeiten immer wieder feststellen. Wünsche entstehen meist in einer wahrhaften Überproduktion. Das ist schon in den meisten Märchen so, wo man immer drei Wünsche frei hat.

Es müssen wohl deshalb so viele sein, weil nur ein kleiner Bruchteil von ihnen die ersten Embryonalstadien überlebt, heranreift und vielleicht einmal seine Erfüllung findet, formulierte schon der Handlungsforscher Heinz Heckhausen.

Weil also nur einige Wünsche wirklich in Erfüllung gehen oder wirklich in Erfüllung gehen können, produzieren wir tagein, tagaus dieses Übermaß, denn wenn es nicht ständig genug zu wünschen gäbe, würden wir vermutlich an Aktivität verlieren und in Langeweile erstarren. Anhaltende Wunschlosigkeit ist, wie klinische Psychologen es beschreiben, eine weit schlimmere Seelenpein und schmerzhafter als Hoffnungslosigkeit.

Auch dort, wo es nichts mehr zu hoffen gibt, ist der anhaltende Strom unserer Wünsche noch lange nicht versiegt. In der engeren klinischen Definition ist die depressive Erkrankung – die ja gegenwärtig schon fast wie Rheuma zu den Volkskrankheiten gezählt werden kann und jährlich nicht wenige Menschen sogar bis zum Selbstmord treibt – die psychopathologische Umschreibung von Wunschlosigkeit.

Wünsche, dieser dauerhafte Generator von Handlungsaktivität, sind von der klassischen Psychologie bisher kaum erforscht worden. So wissen wir weder, wie viele Wünsche in unterschiedlichen Lebensphasen täglich entstehen, aushungern und schließlich verkümmern, noch haben wir Erkenntnisse darüber, warum manche es letztlich zur fruchtbaren und grandiosen Entfaltung bringen. Freud hielt noch an der Aussage fest, dass all unsere Wünsche sich in unserer Seele festsetzen und von dort ein ganzes Leben lang wirksam werden, unabhängig davon, ob wir sie registrieren oder nicht. Heute distanziert sich die Psychologie von dieser These und vermutet, dass nicht wenige Wünsche in unterschiedlichen Lebensphasen geboren werden und quasi wie Eintagsfliegen den nächsten Tag oder auch die nächste Lebensphase nicht mehr erreichen und für alle Zeit wirkungslos verschwinden. Aber – Genaues weiß man nicht!

Allerdings wissen wir schon sehr gut Bescheid, was Menschen antreibt, wie sehr sich Personen in ihren bevorzugten Anschauungen unterscheiden und von welchen Anreizen in ihrer Umgebung sie angezogen oder abgestoßen werden. Auch und gerade das Abgestoßen-Werden, also das Ablehnen und Abwehren, ist die Kehrseite des Wünschens und nicht selten, wie wir später noch sehen werden, gehen Wünsche und Befürchtungen auf dem langen Weg vom Wünschen zum Handeln sogar Hand in Hand.

»Um festzustellen, wie sehr sich Personen in den Wünschen und in den Befürchtungen, die sie täglich produzieren, unterscheiden, hielten Wissenschaftler ihre Versuchsteilnehmer an, auf thematisch dosierte Anregung hin frei erfundene Geschichten niederzuschreiben – ein Vorgang, der auch manches von den unterschiedlichen Produktionsraten einzelner Wunsch- und Befürchtungsthemen – ›Motive‹ genannt – mit an die Oberfläche der sprachlichen Gestaltung spült.

Wie der Mediziner, um ein Blutbild zu gewinnen, verschiedene Arten von Blutkörperchen in einer Blutprobe auszählt, lassen sich Aussageelemente in der Fantasiestichprobe zu einem Bild der vorherrschenden Motive sortieren. Das sagt aus, von welchen Wunschthemen eine Person im Zeitstrom der passenden Gelegenheiten bewegt werden wird; und auch mit welchen ihrer Wunschthemen sie mehr als mit anderen die eigene Lebenszeit verbringen und ausfüllen wird. Zur Zeit sind Motivationspsychologen dabei, dieses Analyseinstrument der Wunschproduktion noch feiner und polythematischer zu machen« (Heckhausen 1987).

Vom Wünschen zum Wählen

Wünschen ist aber nur der erste Part eines komplizierten Wechselspiels, welches die Volitionsforschung zum Gegenstand ihrer Untersuchungen gewählt hat.

Wünschen alleine reicht nicht. Viele Wünsche sind nichts anderes als situative Augenblicksanwandlungen und bleiben unverwirklicht, weil wir in unserer Selbsteinschätzung ihre Erfüllung – zu Recht oder zu Unrecht – als nicht in der eigenen Macht stehend wähnen. Trotzdem bleibt ein deutlicher Rest – von dem ehemals gigantischen Strom der Wünsche ist dennoch ein Rinnsal übrig geblieben –, der sich nicht nur als erfüllenswert offenbart, sondern für uns sogar erfüllbar erscheint. Damit ändert sich vermutlich auch unser Seelenzustand. Jetzt wägen wir sorgsam ab, um wählen zu können. Und wählen müssen wir – nach Aussage der Willensforschung – aus drei Gründen:

Erstens sind vermutlich tatsächlich immer noch deutlich mehr Wünsche übrig geblieben, als wir auch bei größter Anstrengung überhaupt in Angriff nehmen könnten.

Zweitens passiert es nicht selten, dass sich manche Wünsche im Wege stehen – man kann das Schwein ja nicht schlachten und essen und aus sentimentalen Beweggründen gleichzeitig behalten und pflegen.

Drittens ist die tatsächliche Wünschbarkeit und auch die Realisierbarkeit eines Wunsches kritisch zu überprüfen. Nicht selten überlebt ein Wunsch eine solche Überprüfung nicht. Das Ergebnis des Wählens besteht dann darin, den Versuch, diesen Wunsch zu realisieren, zu unterlassen.

Wählen vollzieht sich nach der klassischen Willensforschung also im Abwägen von Wünschbarkeiten und Realisierbarkeiten.

Fragen, die wir uns zur Wünschbarkeit stellen, sind oft:

- Erfordert die Realisierung einen zu hohen Aufwand an Zeit?
- Welche Kosten entstehen, wenn ich dies realisiere?
- Wie aufwändig sind die Vorbereitungen?
- Lohnt sich die Mühe?
- Welche nicht vorhersehbaren Nebeneffekte bringt es mit sich, wenn ich den Wunsch realisiere?

Fragen, die wir uns zur Realisierbarkeit stellen, sind oft:

- Wie weit bin ich in der Lage, durch eigenes Handeln die Realisierung des Wunsches herbeizuführen?
- Und wie weit kann ich darauf vertrauen, dass die mich umgebende Welt sozialer und sachlicher Gegebenheiten auch den ihr zugedachten, aber nicht in meiner Macht stehenden, gleichwohl notwendigen Part zur Realisierung des Wünschens spielt?

Tatsächlich hat die Psychologie dieses Wählen aufgrund des Abwägens von Wünschbarkeit und Realisierbarkeit oder – um einmal den psychologischen Fachjargon zu gebrauchen – von Wert und Erwartung (oder Wahrscheinlichkeit) gründlichst untersucht und auch überprüft, wie beides miteinander verknüpft wird. Daraus resultierten, wie Heckhausen und andere feststellten, wirtschaftswissenschaftliche Theorien über Kaufentscheidungen des Verbrauchers, Praktiken der Entscheidungsfindung bei riskanten Technologien und politischen Entschlüssen sowie Konstruktionsprinzipien für Glücksspielautomaten.

Die negative Fixierung

Zuerst wurde der Ablauf des Wählens untersucht. Die Wissenschaftler waren davon ausgegangen, dass ihre Versuchsteilnehmer bei einem persönlichen Wahlproblem jene Wert- und Erwartungsaspekte, die für das Verfolgen beziehungsweise das Unterlassen der Wunschrealisierung sprachen, Punkt für Punkt abarbeiten und jeweils – fast analytisch strukturiert – gegenüberstellen würden. Was sie fanden, war in der Tat völlig anders.

Nachdem den Versuchsteilnehmern zuerst (aber wohl nur sehr kurz) der eigene Herzenswunsch vor Augen gestanden hatte, richteten sie ihre Aufmerksamkeit zunehmend auf alles, was gegen dessen Wünschbarkeit und Realisierbarkeit ins Feld zu führen war. Die Fixierung auf das negative Element war so stark, als würden sie für solch negative Gedanken belohnt werden. Wie ein advocatus diaboli zogen sie alle Register, die man nur ziehen kann.

Erst danach reflektierten sie, welche negativen Folgen es haben könnte, wenn der anstehende Wunsch nicht realisiert werden würde.

Nur wenn der Wunsch diese beide Feuerproben überstanden hatte, konnten sich die Versuchsteilnehmer auf die positiven Möglichkeiten einer Umsetzung konzentrieren.

Der unterschiedliche Seelenzustand

In den Versuchen wurde schnell evident, dass der Seelenzustand der Versuchspersonen beim Wählen deutlich vom Seelenzustand beim Wünschen zu unterscheiden war. Ist der Seelenzustand in der Phase des Wünschens eher noch unbestimmt und nebulös, zeichnet sich der Seelenzustand im Moment des Wählens einerseits durch eine weitere Aufmerksamkeit für alles aus, was wichtig und von Belang sein könnte, und andererseits durch eine Unbestechlichkeit in der Würdigung auch negativer Aspekte. Heckhausen nennt es eine bemerkenswerte Realitätsorientiertheit eines auf vollen Touren laufenden kognitiven Apparates, dessen Bereitschaft und Vermögen, Informationen aufzunehmen und zu verarbeiten, maximal ist.

Wie geht es nun weiter?
Nach all den Prüfungen in der Phase des Wählens bleiben deutlich weitere Wünsche auf der Strecke. Für andere fällt das Wählen eher unentschieden aus. Sie werden gespeichert, sind erst einmal inaktiv und können zu einem x-beliebigen Zeitpunkt, durch viele äußere und innere Umstände angestoßen, auch wieder aufgenommen werden. Vermutlich sind es diese eher verdrängten Wünsche, die, wie Sigmund Freud meinte, wirksam bleiben, bis sie erfüllt werden. Vermutlich kann man auch zu viele aufgespeicherte Wünsche haben und dadurch beim Wählen und Wollen gestört werden.

Wie wir ja alle oft feststellen können, bleibt schließlich der eine oder andere Wunsch übrig, der nun, wenn die Umstände es zulassen, realisiert werden soll.

Vom Wählen zum Wollen

Befinden wir uns in der Verwirklichungsabsicht unserer Ziele am Übergang vom Wählen zum Wollen, so tritt nun wieder ein anderer Seelenzustand ein. Jetzt sehen wir deutlich unser Ziel vor Augen, der Wunsch hat uns in seinen Fängen und lässt uns nicht mehr los, bis wir ihn realisiert haben oder endgültig dabei gescheitert sind. Dieser Seelenzustand ist durch hohe Entschlossenheit und Umsetzungsenergie charakterisiert.

Wollen heißt wirklich entschlossen sein. Während wir vorher – Sie erinnern sich – beim Wählen eher glasklar und nüchtern die Aufmerksamkeit vorwiegend auf die Begrenzungen gerichtet hatten, so sind wir in der Phase des Wollens nun fast ausschließlich auf die Verwirklichung ausgerichtet und deuten alle – auch die eher negativen Signale – im Sinne einer sehr engen, auf Realisierung ausgerichteten Art und Weise. Wir wehren die Befürchtungen ab und beschönigen die Möglichkeiten.

Waren wir bis jetzt eher **realitätsorientiert**, so sind wir jetzt **realisierungsorientiert**. Wir sehen nicht mehr richtig hin, wir hören nicht mehr ausreichend zu, wenn auch nur ansatzweise der Eindruck entsteht, dass es unseren Willen zur Verwirklichung schwächen könnte.

Im Handumdrehen sind wir in dieser Phase vom zögerlichen und eher abwägenden Moderator des Wählens zum engstirnigen Kämpfer unseres Wollens geworden. So betrachtet, leuchtet ein, warum so manche Eltern keine Chance mehr haben, der Tochter den gewählten Lebenspartner mit vernünftigen Gründen auszureden, weil die Tochter sich nicht mehr im Seelenzustand des Wählens, sondern in dem des Wollens befindet. Bei wirtschaftlichen und politischen Entscheidungsbildungen kann so etwas sogar katastrophal enden, wie das Beispiel des Challenger-Unfalls zeigt.

Die Challenger-Katastrophe

Die Challenger-Katastrophe war der Unfall, bei dem die US-Raumfähre Challenger am 28. Januar 1986 73 Sekunden nach dem Start vom Kennedy Space Center zerstört wurde. Bei dem Unfall kam die siebenköpfige Besatzung ums Leben.

Nach diesem Vorfall setzte der damalige US-Präsident Ronald Reagan eine Sonderkommission ein, um die Gründe für den Unfall zu ermitteln und um künftige Abhilfemaßnahmen zu entwickeln. Unglücksursache war eine defekte Dichtung. Obwohl NASA-Ingenieure zuvor Bedenken geäußert hatten, genehmigten die Verantwortlichen der NASA trotzdem den Start.

Im Bericht der Kommission hieß es, das Unglück sei durch das Versagen einer »O-Ring«-Dichtung in der Festbrennstoffrakete an der rechten Seite der Raumfähre ausgelöst worden. Die fehlerhafte Dichtung und das ungewöhnlich kalte Wetter, das zusätzlich Auswirkungen auf die richtige Funktionsweise der Dichtung hatte, machten es möglich, dass heiße Gase aus der Verbindungsstelle entweichen konnten. Flammen aus dem Inneren des Beschleunigers schlugen aus der fehlerhaften Dichtung und vergrößerten das kleine Loch. Dadurch gelangten die brennenden Gase zum äußeren Treib-stofftank der Fähre und durchtrennten einen Träger. Dieser war mit dem Beschleuniger seitlich am äußeren Tank angebracht. Als Folge löste sich der Beschleuniger und durchschlug den Tank. Flüssiger Wasserstoff und flüssiger Sauerstoff aus dem Tank und dem Beschleuniger vermischten und entzündeten sich, was dann letztendlich zur Explosion der Fähre führte.

Die NASA wusste seit Jahren, dass die so genannten O-Ringe der Antriebsrakete bei kaltem Wetter unbeständig sind. O-Ringe von vorangegangen Flügen zeigten bei Flügen von unter 61° Fahrenheit (16° Celsius) deutliche Anzeichen von Erosion. Zwei Ingenieure, die für die Entwicklung und Produktion der Antriebsraketen und O-Ringe verantwortlich waren, trugen am Vorabend des Unglücks dem Management ihre Bedenken bezüglich der niedrigen Temperatur zum Startzeitpunkt vor und wurden überraschend überstimmt.

Willenstheoretisch betrachtet, befanden sich die Ingenieure noch in der Phase des Wählens und sahen die Situation sachlich und nüchtern. Das Management hingegen befand sich vermutlich bereits schon längere Zeit im Seelenzustand des Wollens und wischte jegliche Bedenken verantwortungslos beiseite, weil sie nicht zur Realisierung passten.

Im Vorfeld der Startvorbereitungen hatte der für die O-Ringe zuständige Ingenieur seine Bedenken schriftlich der NASA mitgeteilt. Ein anderer schrieb nachweislich ein Memo, das mit »HILFE« begann und mit »Dies ist eine rote Flagge« endete. Selbst am Starttag machten die Produzenten am Morgen noch einmal deutlich, dass diese Ringe nicht für den Flug unter 50° Fahrenheit (10° Celsius) ausgelegt waren und die Sicherheit nicht gewährleistet werden konnte.

Die Außentemperatur am Tag des Starts betrug 36° Fahrenheit (2° Celsius). Um 11.38 Uhr wurde die Raumfähre trotzdem gestartet – mit dem hinlänglich bekannten Ergebnis der Katastrophe.

Die spätere Untersuchung zeigte, dass die Bedenken und Einwürfe der Ingenieure nicht ernst genommen worden waren. Eine typische Ausblendung von Realisierungshindernissen in der Phase des Wollens. Das Management wollte unbedingt starten und hatte die finanziellen Konsequenzen einer Verschiebung und die im Vorfeld bereits in der Öffentlichkeit negativ diskutierten mehrfachen Terminverschiebungen im Blickfeld.

Der Challenger-Unfall verdeutlicht aber nicht nur die hohe Abwehrkraft in der Realisierungsorientierung der Phase des Wollens, sie zeigt auch, wie wenig Menschen und Organisationen bereit sind zu lernen. So wurden die Ingenieure paradoxerweise anschließend aufgrund ihrer Aussage vor der Untersuchungskommission entlassen und für ihre berechtigten Bedenken bestraft.

Vom Wollen zum Handeln

Wenn wir bisher allgemein über Wünschen, Wählen und Wollen gesprochen haben, wie wir sie als Fähigkeiten zum Handeln bei Erwachsenen vorfinden, so darf nicht vergessen werden, dass sich dies alles erst entwickeln muss. Schon früh in der Kindheit sind Anfänge der Fähigkeit zum Handeln zu entdecken. Handlungsforscher versuchen, die Entwicklung aufzudecken, sobald Kinder laufen können. So betrachten sie im Hinblick auf das Wollen, ab wann und wie Kinder eine Handlung, die sie ausführen wollen, bis zu einer passenden Gelegenheit aufschieben.

Neben der psychischen Entwicklung gibt es aber noch Aspekte, die in einer anderen Hinsicht über allgemeine Unterschiede zwischen Wünschen, Wählen und Wollen hinausgehen und unser Handeln determinieren. Denn freilich bestehen immer auch Unterschiede zwischen Personen bezüglich der Motivationslage und des aktuellen Seelenzustands. Es interessiert hier besonders, welch unterschiedliche Fähigkeiten Personen besitzen, Prozesse des Wählens und Wollens im Selbstmanagement voranzutreiben, und wie weit sich diese Fähigkeiten fortentwickeln lassen.

Offenbar gibt es Leute, die für Prozesse des Wählens ein höheres Geschick zum Selbstmanagement haben als für Prozesse des Wollens. Bei anderen ist es umgekehrt. Hier steht die Wissenschaft jedoch noch ziemlich am Anfang der Untersuchung.

Besondere Aufmerksamkeit möchten wir hier noch einmal dem Übergang vom Wählen zum Wollen zukommen lassen. Ein Vorgang, der anscheinend schlagartig den Seelenzustand zu ändern scheint. Daneben gibt es auch manch harmlose Wünsche, bei denen man ohne viel Wählen gleich und ohne viel Aufhebens ins Wollen, also in die Aktion rutscht.

»Nun wird doch mancher am Ende denken, Menschen seien fast ständig mit diesen drei Dingen beschäftig, ja, sie taumelten quasi von einem Seelenzustand in den anderen. Nichts wäre falscher! Jedenfalls sind Wählen und Entschlussbildung eher seltene Prozesse. Manchmal können Tage vergehen, ehe sich im Seelenleben einer Person dergleichen ereignet. Um bei der weiteren Eingrenzung des Ortes, an dem dieses Seminar ansetzt, zu erkennen, wie wenig an täglicher Wachzeit der hier untersuchte Bereich umfasst, bedenke man kurz, dass der Mensch ein Lebewesen mit langer Stammesgeschichte ist. Nur mit Wünschen, Wählen und Wollen ließe sich unsere Existenz nicht aufrechterhalten. Wünschen, Wählen und Wollen sind nur die oberste dünne Decke auf einer Reihe basaler Motivationssysteme, die seit Jahrmillionen entstanden sind und sich vielleicht sogar hierarchisch übereinander gelegt haben. Aber immerhin die oberste Decke!

Auf der untersten Ebene stehen automatische Reaktionsweisen des autonomen Nervensystems, des endokrinen und des Immunsystems. Darüber gibt es vorfixierte Bewegungsmuster für spezifische angeborene Verhaltensweisen, darüber primäre Triebe, die Störungen des Körperhaushalts ausgleichen. Und darüber haben sich erlernte Bedürfnisse ausgebildet, die sich von primären Trieben ableiten, aber selbstständig geworden sind. Und darüber wiederum treten all die primären Affekte wie Glück, Trauer, Furcht, Ärger, Überraschung und Ekel in unser Erleben, die zwar hirnphysiologisch tief verankert sind, aber sich auf die gesamte Außen- und Innenwelt von Eindrücken und Erfahrungen beziehen oder gar konditionieren lassen. Darüber begleitet uns ein ständiges Bestreben, im Umgang mit unserer Nahumwelt wirksam zu sein. Und darüber erwachsen erst die höheren, die sozialen und kulturellen Motive, aus denen die meisten Wünsche entspringen, wenn die unteren Systeme nicht gerade mit der Beseitigung homöostatischer Krisen unseres Organismus beschäftigt sind. Und diesen Wünschen schließlich folgt zuletzt gelegentlich ein wenig Wählen und ein wenig Wollen. Man sieht, wie ungeheuer winzig der Ausschnitt ist, mit dem sich dieser Bereich beschäftigt, und zugleich, wie unabsehbar verwickelt und folgenreich. Denn ohne Wünschen-Wählen-Wollen wäre Homo sapiens kein Mensch« (Heckhausen, Gollwitzer, Weinert 1987).

4. Quellfluss: Gelotologie

Wer zuletzt lacht,
hat schon eine Menge verpasst.

Arzt zum Manager: »Alkohol macht gleichgültig.« Manager zum Arzt: »Ist mir doch scheißegal!« Können Sie darüber lachen? Lachen und Humor als Gesundheits- und Karrierekompetenz für zukunftsorientierte Menschen scheint im kühlen Geschäftsalltag des Shareholder-Value-Denkens, wo höchstens Schadenfreude emotional bewegt, eher abwegig. Aber aufgepasst, dieses verstaubte Denkmuster muss ad acta gelegt werden. Selbst der höchste Intelligenzquotient bedeutet keine berufliche Erfolgsgarantie in einer immer komplexer und unvorhersehbarer werdenden Arbeitswelt, wenn die entsprechende psychologische Disposition fehlt.

Mit dem HQ auf Erfolgsspur

Nachdem Daniel Goleman klargestellt hat, dass unser EQ genauso wichtig ist wie unser IQ, haben Emotions- und Sozialpsychologen eine weitere, bislang eher nebensächliche Kategorie entdeckt: den Humorquotienten, HQ.

Die außergewöhnliche Heilkraft und die zentrale Bedeutung von Lachen und Humor für das Immunsystem werden in Medizin und Psychotherapie schon lange nicht mehr infrage gestellt. Im Berufs- und Alltagsleben dagegen wird dem Humor als Leistungsindikator bislang noch keine Bedeutung beigemessen. Doch sollten Manager den jüngsten Studien der Gelotologie, der Wissenschaft vom Lachen, mehr Aufmerksamkeit widmen.

Gerade dort, wo durch hohe Veränderungsgeschwindigkeit und turbulente Märkte die dringend benötigten Leistungsressourcen in hausinternen Grabenkämpfen und Ego-Strapazen verschlissen werden und Humor sich allenthalben auf Sarkasmus und Zynismus beschränkt, könnte eine »Humor-Kultur« wahre Leistungsschübe freisetzen.

Die Gelotologie formuliert vier Dimensionen der Wirkung von Humor, welche in direktem Zusammenhang mit Studien über innovationsfördernde Schlüsselqualifikationen und Kernkompetenzen gebracht werden können.

1. Emotionale Wirkung: Humor löst Hemmungen, reaktiviert verdrängte Affekte, ermöglicht einen unmittelbaren und spontanen Austausch menschlicher Gefühle und stärkt somit erheblich die allseits geforderte soziale Kompetenz.

2. Kognitive Wirkung: Humor regt die in der heutigen Komplexität dringend benötigten kreativen Potenziale an, aktiviert Entscheidungsprozesse und begünstigt den oft geforderten Perspektivewechsel. Ebenso sensibilisiert Humor Verständnis für neuartige Zusammenhänge und verhilft zu mehr Offenheit gegenüber Veränderung.

3. Kommunikative Wirkung: Humor wirkt erfrischend, entspannend und anregend und trägt zu einer freundlich-konstruktiven Beziehung innerhalb des Teams bei. Damit festigt sich das Arbeitsbündnis und die Beziehungen werden krisen- und konfliktstabiler.

4. Gesundheitliche Wirkung: Lachen ist gesund – und senkt die Absentismuszahlen. Zahlreiche Studien weisen nach, dass Humorreaktionen nachhaltig das Immunsystem beeinflussen, dass Lachen unter anderem Schmerz reduziert, Stress erfolgreich abbaut, Durchblutung und Verdauung fördert und hilft, die Manager-Krankheit Bluthochdruck erfolgreich zu bekämpfen.

Humor kann man lernen

Für nachweislich Humorlose besteht Hoffnung. Humor wird heutzutage als eine Fähigkeit betrachtet, die man erfolgreich lernen kann. Auch die für die Wissenschaft so wichtige quantitative Erfassung des Phänomens ist weit fortgeschritten. W. Ruch vom Institut für Physiologische Psychologie an der Universität Düsseldorf hat einen Fragebogen entwickelt, der die Heiterkeitsdisposition zum Beispiel mithilfe von Multiple-Choice-Fragen ermittelt und damit einen Humorquotienten erschließt.

Im Humor sieht der Kommunikationsforscher Paul Watzlawick für den modernen Manager im Dauerfeuer der Neuorientierungen eine wichtige Bezugsgröße, weil jemand, der »mit Entsetzen feststellen musste, dass seine Konstruktion der Wirklichkeit sich als nicht tauglich erwiesen hat«, im Lachen »eine Befreiung aus der Ausweglosigkeit der Situation« erfährt.

Wünschenswert wäre, dass zukünftig der HQ ebenso wie der IQ und zum Beispiel der Blutdruck eine deutlichere Wertschätzung erfahren würde.

5. Quellfluss: Motivationsforschung

Wünsche sind Vorgefühle der Fähigkeiten,
die in uns liegen, Vorboten desjenigen,
was wir zu leisten imstande sein werden.
JOHANN WOLFGANG VON GOETHE

Motivation allein führt Menschen noch nicht zum Erfolg. Aber ohne Motivation bleibt das Leben blass und langweilig und damit letztlich auch »erfolglos«. Fragen Sie einmal Ihre Kollegen und Freunde oder die Nachbarin, was sie unter Motivation verstehen. Vermutlich werden sie zahlreiche unterschiedliche Antworten erhalten.

Auch wenn wir im Alltag wie selbstverständlich von Motiviertsein sprechen und dabei meinen, genau zu wissen, worum es geht: Die für solche Fragen zuständige Motivationspsychologie ist ein ebenso weites wie schwieriges Feld.

Generell kann man die vielen Konzepte darin unterscheiden, ob sie Motivation eher als *Zug* oder als *Druck* verstehen: Während wir beim »Zug« von einem situativ-äußerlichen Anreiz angezogen werden, treibt es uns beim »Druck« von innen her auf etwas zu. Nach der berühmten Formel des Sozial- und Motivationspsychologen Kurt Lewin – Verhalten ist eine Funktion von Person *und* Umwelt: $V = f(P, U)$ – versuchen auch viele Ansätze, beide Pole zu integrieren.

Im Modell des Rubicon-Prinzips lehnen wir uns an die jüngsten motivationstheoretischen Überlegungen des US-Psychologen Steven Reiss an und verweisen den ausschließlich motivationsorientierten Leser auf unser Buch ›Die 16 Lebensmotive‹.

Wie Reiss in jahrelangen Untersuchungen herausfand, bestimmen nicht nur ein oder zwei Motive unser Leben, sondern 16 Bedürfnisse und Werte – die Lebensmotive. Dabei sind wir einzigartig: Wie einen individuellen Fingerabdruck hat jeder Mensch ein unverwechselbares Motiv-Profil. Wer es genauer kennen lernt, kann wertvolle Einblicke in seine Persönlichkeit gewinnen – was ihn im Innersten bewegt und antreibt. Und diese Erkenntnis trägt auch dazu bei, mit sich und anderen zufriedener zu leben und vor allem toleranter zu werden.

Nach vielen Studien und Untersuchungen mit über 7000 Frauen und Männern in den USA, Kanada und Japan kristallisierte sich heraus, was im Mittelpunkt der neuen Persönlichkeits- und Motivationstheorie steht: Allen menschlichen Verhaltensweisen liegen 16 Motive zugrunde: Macht, Unabhängigkeit, Neugier, Anerkennung, Ordnung, Sparen, Ehre, Idealismus, Beziehungen, Familie, Status, Rache, Eros, Essen, körperliche Aktivität und Ruhe. Diese Motive, Wünsche und Werte bestimmen unser Leben: Sie sind der Stoff, aus dem wir gemacht sind, und die Art und Weise, wie wir diese Lebensmotive gestalten und erleben, verleiht unserer Existenz Sinn und Bedeutung.

Für Reiss sind mindestens 14, vermutlich aber 15 der 16 Bedürfnisse genetisch bedingt, da man ähnliche Motivatoren auch bei Tieren beobachten kann und sie eine evolutionäre Bedeutung haben. Nur das moralische Motiv Idealismus hat bisher unklare Anteile.

Die Bedeutung der Gene muss man allerdings stark relativieren: Das, was wir wollen, scheint uns zwar mit auf den Weg gegeben zu sein, doch wie wir diese Bedürfnisse, Interessen, Bestrebungen und Werte befriedigen, ist eine sehr komplexe Angelegenheit aus vielfältigen kulturellen und gesellschaftlichen Einflüssen sowie individuellen Erfahrungen.

Besonderen Wert legt Reiss auf die individuellen Grundlagen: So wie kein Lebensmotiv von zwei Menschen identisch erfahren oder gestaltet wird, geht es – im Gegensatz zu vielen anderen Motivationskonzepten – auch letztlich weniger darum, ob alle Menschen diese 16 Lebensgründe teilen, sondern wie sehr sie sich darin *unterscheiden*.

Wie Reiss' Forschung zeigt, hat jeder Mensch ein charakteristisches Bedürfnis-, Werte- und Interessensprofil. Wir sind viel individueller und einzigartiger, als Psychologen bisher meinten: »Was Menschen so einzigartig macht«, betont der Persönlichkeitsforscher, »ist die jeweilige Kombination dieser Bedürfnisse und was sie für den Einzelnen bedeuten.«

Das neue Motiv- und Persönlichkeitskonzept unterscheidet sich fundamental von bisherigen Modellen der Motivationspsychologie, da es menschliches Handeln nicht auf einige wenige vermeintlich »absolute« Motive oder Triebe reduziert – wie beispielsweise hedonistisches Glücksstreben oder biologischer Überlebenswille, die Libido Freuds, der Machttrieb Adlers oder die »Selbstverwirklichung« Maslows.

Vor allem ist das Streben nach Glück keine Motivation, wie viele Psychologen bislang glaubten. Vielmehr sind Spaß und Glück Nebenprodukte, die »anfallen«, wenn wir erreichen, was wir wirklich wollen – sie sind aber nie selbst das Ziel.

Reiss' Forschung hat enorme praktische Konsequenzen, wie das Beispiel des Rubicon-Prinzips für die Handlungsorientierung und Umsetzungsstärke zeigt, ebenso für individuelles Lebensglück, Erziehung, Familie und Partnerschaft oder beruflichen Erfolg.

Vor ihrem Hintergrund muss man beispielsweise das Bildungswesen kritisieren, weil es von der Prämisse ausgeht, alle Kinder seien in gleichem Maße neugierig und hätten von Natur aus ein ähnliches Lernpotenzial. Die Befunde zeigen aber deutlich, dass sich Kinder und Erwachsene sehr wohl darin unterscheiden, wie viel Spaß sie an Neuem empfinden: »Es ist völlig in Ordnung, nicht neugierig zu sein«, betont der Psychologe. »Ein Kind kann sehr intelligent sein, ohne sich für die Schule zu interessieren.«

Da aber die Vorstellung, ein Mensch habe keine Freude am Lernen und werde sie nie entwickeln, weitgehend tabuisiert ist, machen Lehrer und Eltern mit ihren »Umerziehungsprogrammen« einen großen Fehler. Solange das Kind gewisse Standards erfüllt und nicht scheitert, sollten Eltern ihre Erwartungen korrigieren, da sie sonst nur eines erreichen: auf lange Sicht die Beziehung zu ihrem Kind zu ruinieren.

Ähnliches gilt für alle Motive und Verhaltensweisen. So ist vielen die Vorstellung völlig fremd, dass beispielsweise Workaholics glücklich sind mit dem, was sie tun: Viele arbeiten nicht deswegen so viel, weil sie eine innere Leere ausfüllen wollen oder vor irgendwelchen Lebensproblemen flüchten, sondern weil sie ihrem ausgeprägten Interesse an Macht, Leistung oder Status folgen. »Nichts zu tun erschöpft mich«, beschrieb beispielsweise Picasso dieses Lebensgefühl, »wenn ich arbeite, entspanne ich mich.«

Die individuellen Antriebs- und Werteprofile beeinflussen auch unsere Beziehungen. So wie wir uns intuitiv zu Menschen hingezogen fühlen, die ähnliche Werte haben, so können wir letztlich nur in solchen Freundschaften oder Partnerschaften glücklich werden, in denen die deutlich ausgeprägten Lebensmotive und -ziele übereinstimmen. Umgekehrt bedeutet dies: Wir erschweren uns das Leben gewaltig, wenn wir wegen sehr unterschiedlicher Motive und Interessen ständig miteinander in Konflikt geraten.

Vor allem die motivorientierte Selbstbezogenheit – Reiss spricht von »Self-Hugging« – vergiftet das Miteinander: Wir verstehen im Alltag oft nicht, dass andere Menschen andere Motive, Interessen, Wünsche und Werte haben als wir. Vom Intellekt her wissen wir zwar, dass sie andere Ziele verfolgen, aber im Grunde genommen begreifen wir nicht wirklich, wie es sein kann, dass sie nicht genau so denken wie wir.

Ihre Individualität trennt die Menschen gewissermaßen wie eine Mauer. Wann immer zwei Menschen einem Wert sehr unterschiedliche Prioritäten zuordnen, können sie kaum verstehen, warum der andere anders denkt, fühlt und handelt. Je mehr man aber in solchen Eigenperspektiven gefangen ist, desto größer wird die Gefahr, eigene Motive – »Was für mich gut ist,

ist auch gut für andere« – auf Partner, Freunde oder Kollegen zu projizieren. So entstehen viele Missverständnisse und Konflikte.

Unterschiedliche Motive und Motivationsprofile können vor allem eine Partnerschaft belasten. Während am Anfang einer Beziehung gerade das Andere am Partner attraktiv erscheint – Gegensätze ziehen sich an –, wird das »Gleich und Gleich gesellt sich gern« im Lauf der Partnerschaft aber immer wichtiger. Wie Reiss fand, sind die Motiv-Profile von Partnern in dauerhaften Beziehungen sehr viel ähnlicher als diejenigen von geschiedenen Paaren. Er hält es daher für sinnvoll, die »Verträglichkeit« von existenziell wichtigen Werten und Motiven mit dem Partnertest zu klären.

Das Motiv-Profil eines Menschen ist stabil. Wenn auch einschneidende Lebenserfahrungen oder Entwicklungsprozesse zu grundlegenden Veränderungen unseres Wesens führen können, charakterisiert es unsere Persönlichkeit im Allgemeinen dauerhaft: So werden neugierige Kinder auch als Jugendliche und Erwachsene offen und interessiert durchs Leben gehen. Heranwachsende, die gerne planen und organisieren, werden dies auch als Erwachsene tun. Und Menschen mit einer ausgeprägten Lust am Essen werden sich wohl lebenslang mit ihrem Gewicht plagen.

Trotz aller Individualität zeigt das Reiss-Profil viele gruppen-, schicht- oder geschlechtsspezifische Muster. Frauen formulieren beispielsweise deutlich mehr Ruhebedürfnis und reagieren stress- oder angstsensibler, während männliches Verhalten stärker von den Motiven Eros und Rache bestimmt wird. Überraschenderweise ist das Familienmotiv bei beiden Geschlechtern etwa gleich stark ausgeprägt.

Religiöse und nichtreligiöse Menschen unterscheiden sich besonders in ihrem Streben nach Unabhängigkeit. »Im Gegensatz zu Menschen, die frei und unabhängig sein wollen, fühlen sich Gläubige besser, wenn sie stärker auf die Unterstützung und Hilfe anderer zählen können – einschließlich Gott«, interpretiert Reiss seine Befunde. Bei Gläubigen sind zudem das Motiv Ehre und der Wunsch nach einem Familienleben ausgeprägter, während Rache oder Eros keine große Rolle spielen.

Das neue Motivations- und Persönlichkeitsmodell von Steven Reiss wurde von namhaften amerikanischen Psychologen als bahnbrechend beurteilt. Das Konzept soll nun an mehreren amerikanischen Universitäten weiter untersucht und praktisch erprobt werden. Wie erste Studien zeigen, scheint es besonders im klinisch-therapeutischen Bereich, der betrieblichen Personalentwicklung und dem Marketing neue Wege zu öffnen.

6. Quellfluss: Konstruktivismus

Ein Ballonfahrer hat sich verirrt und die Orientierung verloren. Als er sich der Erde wieder nähert, sieht er unter sich einen Bauern auf dem Feld und er ruft dem Bauer zu: »Wo bin ich?« Der Bauer ruft zurück: »In einem Heißluftballon!«

Ganz im Sinne dieser kleinen Geschichte, liebe Leser, sind wir geneigt, Sie an unterschiedlichen Stellen auf ähnlich verschiedene Blickwinkel zu verweisen und auf die Konsequenzen solcher Sichtweisen aufmerksam zu machen. Besonders deutlich wird dies im Kapitel »Die Seufzerbrücke« (S. 167). Da dieser Lern- und Vorgehensweise eine bestimmte theoretische Betrachtung und Denkdisziplin, der Konstruktivismus, zugrunde liegt, möchten wir Sie vorab mit diesem theoretischen Betrachtungsrahmen bekannt machen.

Der Konstruktivismus ist eine neurowissenschaftlich fundierte Erkenntnistheorie, die die Erkenntnisse verschiedener wissenschaftlicher Disziplinen wie Hirnforschung, Neurobiologie, Kognitionspsychologie, Linguistik und Informatik miteinander verbindet.

Biologen wie H. Maturana und F. Varela, Gehirnforscher und Kognitionswissenschaftler wie G. Roth und H. Mandl, Kommunikationswissenschaftler wie P. Watzlawick, H. v. Foerster und S. Schmidt, Gesellschaftswissenschaftler wie N. Luhmann, Pädagogen wie H. Siebert und Philosophen wie G. Bateson leisteten einen Beitrag zu diesem Betrachtungsrahmen.

Die Kernthese der Theorie lautete: Unser Erkenntnissystem – das heißt unsere sensorischen Wahrnehmungen (das, was wir sehen, hören, riechen, schmecken und fühlen) und unsere Kognitionen (unsere Gedanken) – bildet die Außenwelt nicht »wahrheitsgemäß«, quasi wie eine Foto- oder Videokamera ab, sondern wir konstruieren uns Wirklichkeiten eigener Art, die vor allem den Zweck haben, viable, das heißt lebensdienliche Orientierungen und Handlungen zu ermöglichen.

Dabei gehen wir davon aus, dass das menschliche Gehirn als relativ geschlossenes und sich selbst organisierendes (autopoetisches) informationsverarbeitendes System zum größten Teil mit sich selbst beschäftigt ist und nur zu einem geringen Teil mit der Verarbeitung von Informationen oder Reizen aus der Außenwelt. Diese Informationen aus der Außenwelt, zum Beispiel Töne oder visuelle Eindrücke, bieten dem Gehirn keine Informationen darüber, wie die Dinge der Welt sind, sondern dienen nur als Rohmaterial, das vom Gehirn erst interpretiert und verstanden werden muss. Wir hören nicht eine Musik, sondern unsere Ohren nehmen Schallwellen wahr, setzen sie in einfache elektrische Impulse um und leiten sie an das Gehirn weiter, das aus diesen Impulsen erst die Musik entstehen lässt. Der Musikeindruck wird also erst im Gehirn erzeugt und nicht von den Sinnesorganen aufgenommen.

Unsere Welt ist beobachtungsabhängig. Dementsprechend sind auch die paradoxen und zum Teil tautologischen Formulierungen des Konstruktivisten Umberto Maturana zu verstehen:

- Wir hören, was wir hören (wollen) – nicht unbedingt das, was gesagt wird.
- Wir sehen, was wir wissen und was uns wichtig ist.
- Alles Gesagte ist von jemandem gesagt.
- Die Normalität menschlicher Kommunikation ist das Missverstehen.

Der Kommunikationsforscher Paul Watzlawick betont: »Aus der Idee des Konstruktivismus ergeben sich zwei Konsequenzen. Erstens die Toleranz für die Wirklichkeiten anderer – denn dann haben die Wirklichkeiten anderer genauso viel Berechtigung wie meine eigene. Zweitens ein Gefühl der absoluten Verantwortlichkeit. Denn wenn ich glaube, dass ich meine eigene Wirklichkeit herstelle, bin ich für diese Wirklichkeit verantwortlich, kann ich sie nicht jemandem anderen in die Schuhe schieben.«

Wie ausgeprägt unsere neuronalen Netzwerke »mit sich selbst kommunizieren«, ist vor allem durch die neuen computertomografischen Verfahren der Neurowissenschaften klar geworden: Zur Beobachtung der zerebralen Verarbeitung hat man dabei unter anderem radioaktive Glukoselösung in die Gehirngefäße gespritzt, sodass man auf dem Computerbild die Verarbeitung deutlich verfolgen konnte. Abstrakt formuliert, erkannte man dadurch: Das Nervensystem interagiert mit seinen eigenen »Zuständen«.

Die wesentliche Leistung des Gehirns besteht also darin, die von unseren Sinnesorganen übertragenen Impulse aus der Außenwelt permanent zu interpretieren. Dabei schafft es sich seine eigene, ganz persönliche Konstruktion davon, wie denn die Welt sei, ohne zu wissen, wie sie wirklich ist. Watzlawick spricht von der Wirklichkeit erster Ordnung, die jenseits von uns »wahrhaftig« existiert, aber von uns nicht genau so erkannt werden kann, und der Wirklichkeit zweiter Ordnung, die wir als Abbild unserer Sinneseindrücke aufbauen und somit der Verfälschung durch die zahlreichen bereits erwähnten Erinnerungen und Interpretationen unterliegen. Was wir erkennen und wahrnehmen – eher also »für wahr nehmen« –, sind immer nur unsere Erfahrungen von den Dingen, nicht die Dinge selbst. Etwas verstehen heißt in diesem Sinne, eine Interpretation und Erklärung für uns selbst zu erstellen, die funktioniert und schlüssig zu sein scheint. Diese strukturierende Arbeit des Gehirns hat den Zweck, dem Individuum das Überleben in seiner Umgebung zu ermöglichen.

Diese Erkenntnisse sind nicht neu, sondern in der Vergangenheit schon von Montessori, Kant und Piaget vertreten worden. Die Stoa formulierte bereits vor zweitausend Jahren die These: »Nicht die Welt als solche kann schlecht sein – nur die Art und Weise, wie wir sie betrachten.« Der griechische Philosoph Epik-

tet und später der als Menschenfreund und gebildet charakteri-
sierte römische Kaiser Marc Aurel formulierten auf diesem Hintergrund ihre lebensphilosophischen Betrachtungen. Neu sind
allerdings die physiologischen Entdeckungen der Hirnforschung der letzten Jahre, die diese Vorstellungen zu bestätigen
scheinen (siehe auch das Kapitel »Hirnforschung«, S. 40).

Für das Alltagslernen bedeutet dies, dass es kein passives
Aufnehmen und Abspeichern von Informationen und Wahrnehmungen im technokratischen Sinne des Nürnberger Trich-
ters ist, sondern vielmehr ein aktiver Prozess der sehr subjektiven Wissenskonstruktion. Etwas lernen heißt demnach, das
Konstrukt im Kopf zu überarbeiten oder zu erweitern. Es heißt,
sich aktiv und intensiv mit dem Lerngebiet auseinander zu setzen. Außerdem ist Lernen für Konstruktivisten ein individueller, selbst gesteuerter Prozess, der je nach Vorkenntnissen und
-erfahrungen sehr unterschiedlich ausfallen kann. »Es gibt keine
faulen Schüler mehr, sondern nur noch faule Lehrer-Schüler-
Beziehungen«, bezeugt der Systemtheoretiker und Familien-
therapeut Fritz B. Simon seine systemisch-konstruktivistische
Position und macht deutlich, dass auf diesem Hintergrund
nicht der Lehrer die Rahmenrichtlinien bestimmt, sondern der
Schüler. Denn der entscheidet, was und wie er aufnimmt – und
nicht der Lehrer. Ein anstehender Paradigmenwechsel im
Schulsystem.

---

*»Ein Konstruktivist, der sich auf einem Berg verlor, sagte einem
Rettungstrupp, als der ihn fand: ›Ich danke euch, dass ihr mich erfunden habt.‹«*

BERT HELLINGER

In letzter Konsequenz heißt dies, dass die Vermittlung von Lern-
stoff oder Wissen im Sinne einer Abfüllung nicht möglich ist.
Ein Lehrer kann immer nur den Konstruktionsprozess des Ge-

hirns anregen, fördern und ihm helfen, das Wissen selbst zu erwerben. Ernst von Glasersfeld verwendet dafür die Metapher: »Man kann den Esel nur zur Tränke führen, ihn aber nicht zum Trinken zwingen. Trinken muss er selbst!«

Kategorie	Behaviorismus	Kognitivismus	Konstruktivismus
Das Gehirn ist ein	passiver Behälter	Computer	informationell, geschlossenes System
Wissen wird	abgelagert	verarbeitet	konstruiert
Wissen ist	eine korrekte Input/Output-Relation	ein adäquater interner Verarbeitungsprozess	mit einer Situation operieren zu können
Lernziele	richtige Antworten	richtige Methoden zur Antwortfindung	komplexe Situationen bewältigen
Paradigma	Stimulus-Response	Problemlösung	Konstruktion
Strategie	lehren	beobachten und helfen	kooperieren
Die Lehrperson ist	Autorität	Tutor	Coach, Spieler, Trainer
Feedback wird	extern vorgegeben	extern modelliert	intern modelliert

Aus: Franz Eberle: Didaktik der Informatik bzw. einer informations- und kommunikationstechnologischen Bildung auf der Sekundarstufe II. Aarau 1996.

Im Bild aufgehen?

Eine alte chinesische Geschichte erzählt von einem Maler, der alt geworden war und einsam über der Arbeit an einem einzigen Bilde. Schließlich wurde es doch fertig. Er lud die verbliebenen Freunde ein. Sie umstanden das Bild: Ein Park war darauf zu sehen, ein schmaler Weg zwischen Wiesen führte zu einem Haus auf der Anhöhe. Als die Freunde, fertig mit ihrem Urteil, sich dem Maler zuwenden wollten, ist der nicht mehr da. Sie blicken ins Bild: Dort geht er auf dem Weg die sanfte Anhöhe hinauf, öffnet die Tür des Hauses, steht einen Augenblick still, dreht sich um, lächelt, winkt noch einmal und verschwindet, sorgfältig die gemalte Tür hinter sich verschließend.

Aus: Rüdiger Safranski: Wie viel Wahrheit braucht der Mensch? Über das Denkbare und das Lebbare. Frankfurt/Main 2001.

Erste Rubicon-Qualität Caesars:

RISIKOBEREITSCHAFT

Caesar hatte seit Antritt seiner Statthalterschaft in Gallien die Entwicklung in Rom aufs Genaueste verfolgt. Seine Gewährsleute saßen in allen wichtigen Positionen der stadtrömischen Verwaltung. Es hatte viel Geld gekostet, diese Verbindungen aufrechtzuerhalten. Doch diese Investition hatte sich gelohnt: Caesar war gut informiert. Und dennoch – oder gerade auch deswegen – war ihm die Tragweite seiner Entscheidung, zum Schutz der eigenen Interessen den römischen Senat militärisch herauszufordern und in die für Truppenbewegungen verbotene Zone südlich des Flüsschens Rubicon einzudringen, voll bewusst.

Caesar hatte die Einsamkeit der Nacht auf den Mauern Ravennas mit Absicht gesucht, um noch einmal – gleichsam abschließend – mit sich ins Reine zu kommen. Was er vorhatte, hatte noch keiner vor ihm gewagt!

Aber er fühlte sich den Anforderungen gewachsen. Politisch und militärisch waren die Vorbereitungen abgeschlossen, und er selbst fühlte sich mit seinen knapp fünfzig Jahren körperlich und geistig auf dem Höhepunkt seiner Kraft. Die Jahre in Gallien, militärische Auseinandersetzungen mit dessen kampferprobten und freiheitsliebenden Stammesverbänden, der große Aufstand des Vercingetorix, kilometerlange Gewaltmärsche, die seine Truppen bis nach Britannien geführt hatten – all das war ein ausgezeichnetes körperliches Training gewesen. Natürlich war er – ohnehin von schlanker Statur – ein wenig mager geworden, aber er fühlte die Kraft der Entschlossenheit in sich. Er wusste, dass er gleichsam mit dem Rücken zur Wand stand, und Gallien hatte ihn gelehrt: Aus dieser Position heraus kämpfte er am besten.

Am heutigen Nachmittag hatte er seinen Truppen den Befehl zum Aufbruch gegeben. Die etwa 10000 Mann (zwei Legionen), die bei ihm in Ravenna standen, waren dabei, sich abmarschbereit zu machen, und morgen Nacht würden sie den Rubicon überschreiten. Er war entschlossen.

Caesars Ausspruch vor dem Schritt über den Rubicon, »Alea iacta est!« – »Die Würfel sind gefallen!«, ist immer wieder als Ausdruck von Entscheidungsfreude interpretiert worden. Völlig zu Recht. Vielfach haben Historiker diesen Schritt jedoch gleichsam ex post bewertet: Sie kannten das Ergebnis, nämlich Caesars letztlichen Sieg über seine Gegner, deren Niederlage in Griechenland und später in Afrika und Kleinasien. Bei Caesars Eintreffen in Ägypten wurde ihm der Kopf des Pompeius auf einem Tablett präsentiert, und Cato, der Sprecher der gegen Caesar eingestellten Senatsmajorität, stürzte sich wenig später in sein eigenes Schwert. Ein Sieg also auf der ganzen Linie, und wenn man dieses Ergebnis kennt, mag man den Satz von den nunmehr gefallenen Würfeln als Entscheidungsfreude des späteren Siegers sehen.

Aber wie stellte sich die Lage für Caesar in dieser kalten Nacht vom 10. auf den 11. Januar des Jahres 49 v. Chr. wirklich dar? War es wirklich nur Entscheidungsfreude, die ihn veranlasste, den Fluss mit seinen Truppen zu überqueren? Die vorliegenden Quellen berichten viel mehr! Caesar war klar, dass sein Schritt den Bürgerkrieg, furchtbares Blutvergießen und vieltausendfachen Tod bedeuten würde. Er zögerte lange, bis er diesen letzten Schritt wagte.

Sicher hat er schließlich entschieden. Und Entscheidungsfreude gehört auch zu den Kompetenzen, um die es beim Rubicon-Prinzip geht. Aber wichtig ist die Frage: Was geht der Entscheidung voran? Und hier müssen wir klar sehen, dass Caesar die Voraussetzungen für zumindest die Chance eines militärischen Erfolges über seine Gegner in Rom während seiner neun Jahre währenden − äußerst kampfreichen − Statthalterschaft in Gallien geschaffen hat.

Wesentlich für eine Interpretation des Schrittes über den Rubicon ist aus unserer Sicht nicht die am Ende getroffene Entscheidung, sondern sind der Entscheidungsprozess und seine Vorbereitung, nämlich das Schaffen der Voraussetzungen und eine kalkulierende, abwägende Analyse der Kosten, des Aufwands, der Chancen und der Risiken.

Und hier stoßen wir auf eine der Schlüsselstrategien des Rubicon-Prinzips: die Risikobereitschaft.

Caesar musste sich der Risiken seines Unternehmens klar bewusst sein und bereit sein, sie in Kauf zu nehmen. Und diese Risiken waren nicht unerheblich!

Seit Jahrhunderten übte in Rom der Senat die Macht aus. Er war in jedem Fall traditionell die oberste politische Instanz, wenn auch − in den Begriffen der modernen Staatstheorie − ein System von Checks und Ballances für eine gewisse Ausgewogenheit sorgte. Und als solche hatte der Senat sich seit Jahrhunderten äußerst erfolgreich bewährt: Rom beherrschte die damals bekannte Welt! Und mit dieser Einrichtung, die über unermessliche Ressourcen verfügte, sollte Caesar sich nun anlegen? Sozusagen ein Spiel »einer gegen alle« oder »allein gegen den Rest der Welt«.

Gut, Caesar hatte sich in Gallien als überragender Feldherr und Organisator hervorgetan. Er verfügte über ein kampferprobtes Heer und ihm ergebene Soldaten und Offiziere. Er verfügte über die Ressourcen der reichen, aber lange noch nicht befriedeten Provinz Gallien. Jederzeit konnte dort das von ihm geschaffene, jedoch noch nicht etablierte System wieder zusammenbrechen. Kurz: erhebliche Risiken!

Und auf der gegnerischen Seite standen ja nicht nur die Senatsmehrheit mit ihren Ressourcen und ihrer im römischen Volk tief verwurzelten Legitimität, sondern eben auch in der Person des Pompeius einer der erfolgreichsten Feldherren seiner Zeit, der seine Siege in Asien erfochten hatte und dort über ein weit verzweigtes Clientelsystem und fast unermessliche Reichtümer verfügte. Pompeius war in der Lage – und hat das später auch umgesetzt –, Truppen in einer Größenordnung zu rekrutieren und zu unterhalten, mit der Caesar einfach nicht konkurrieren konnte.

Im Januar 49 v. Chr. stand Caesar vor einem aussichtslosen Unterfangen. Man könnte sagen: Er spielte mit seinem eigenen Untergang (Gerichtsprozess, Verurteilung und wahrscheinlich Hinrichtung oder wenigstens Verbannung), er spielte mit dem Leben vieler Menschen und er spielte – aus Sicht vieler Zeitgenossen – Hasard.

Wenn wir trotzdem von Risikobereitschaft sprechen, so nicht deshalb, weil Caesar letztendlich Erfolg hatte. Nein, vieles spricht dafür, dass Caesars Risikobereitschaft in der Tat kalkuliert war: Er kannte die innere Zerstrittenheit des Senats (er hatte nicht zuletzt auch durch finanzielle Zuwendungen an einzelne Senatoren ein gerüttelt Maß dazu beigetragen!) und er kannte seinen Hauptgegner im Senat, Cato, nur allzu gut. Er wusste aus jahrelanger Erfahrung mit Cato, dass dieser dazu neigte, sich in seiner praxisfernen Prinzipientreue selbst zu blockieren. Cato und die Senatsbürokratie in Rom: Waren das für den risikobereiten

Caesar, der bereit war, in jeder Beziehung scheinbar vorge-
zeichnete und eingefahrene Wege zu verlassen, der für jede
Überraschung seiner Gegner gut war und der sich seiner
überragenden Fähigkeiten wohl bewusst war, wirklich so
furchtbare Gegner, wie sie sich wohl auf den ersten Blick
darstellen mochten? Caesar spielte nicht Hazard – er konnte
sich auf seine Gegner »verlassen«. Er kannte sie und konnte
seine Risiken überschauen.

Auch Pompeius war Caesar gut bekannt. Obwohl zehn
Jahre älter als Caesar, war er als Ehemann von Caesars Tochter Julia einige Jahre sein Schwiegersohn gewesen. Zusammen mit Crassus hatten Caesar und Pompeius mittels
zweier so genannter Triumvirate jahrelang die römische
Innenpolitik beherrscht. Caesar kannte die Stärken und
Schwächen des Pompeius wie kein anderer! Und der sech-
zigjährige Pompeius war einfach alt und unbeweglich geworden. Ihn reizte nicht mehr der Kampf – nach jahrelangen militärischen und politischen Anstrengungen war es
nunmehr sein Traum, von Senat und römischem Volk
hoch geachtet, seine Erfolge zu genießen. Pompeius ten-
dierte – und das war Caesars Chance – zum wohl verdien-
ten Altenteil.

Trotzdem war Caesar im Januar 49 v. Chr. klar: Es würde
kein leichtes Spiel werden. Die Risiken waren trotz allem
hoch. Aber er war bereit sie einzugehen und – seine Erfahrung hatte es gezeigt – er konnte, ja, er würde gewinnen.

Wichtiger Bestandteil und wichtige Voraussetzung der
Risikobereitschaft Caesars waren sein Selbstvertrauen und
der Glaube an sein Glück, die berühmte »felicitas Caesaris«. Dieses sein Glück hatte sich schon hundertmal bewährt! In den ausweglosesten Situationen hatte es Caesar
vor dem Schlimmsten bewahrt.

DIE RUBICON-PRAXIS:
Ziele, Motive und Handeln

Ziele: Wünsche, Träume und Sehnsüchte

Als wir unser Ziel aus den Augen verloren hatten,
verdoppelten wir unsere Anstrengung.
MARK TWAIN

Seit Caesars gravierender Entscheidung in der kalten Januarnacht gilt der Ausdruck »den Rubicon überschreiten« als Synonym dafür, den entscheidenden Schritt vom Wünschen zum Wollen gegangen zu sein. Also die Kluft zwischen unseren Wünschen, Zielen, Träumen und Sehnsüchten und deren Verwirklichung überbrückt zu haben. Gelingt es uns, unsere Ziele und Wünsche »über den Rubicon« zu bringen, sind wir einer Verwirklichung sehr nahe.

Erster Rubicon-Grundsatz: Formuliere deine Wünsche, Träume, Sehnsüchte als klare Ziele.
Grundfrage: Kann und darf ich mein Leben so gestalten, wie ich es gerne hätte?

Kein Mensch will vermutlich erfolglos durchs Leben gehen. Trotzdem verhalten sich die meisten Menschen so, als wäre persönlicher Erfolg nur einigen wenigen Auserwählten vorbehalten oder purer Zufall. Weil sie eins nicht wissen oder wissen wollen: Sie selbst sind der Navigator und der Konstrukteur ihres Erfolges.

Der Zug nach Nirgendwo

»Es fährt ein Zug nach nirgendwo . . .«, hieß ein Schlager in den Sechzigern und es war lässig, den Taxifahrerwitz zu erzählen, in dem der Gast beim Einsteigen auf die Frage des Taxifahrers, wohin die Reise gehen soll, sagt: »Fahren Sie mich irgendwohin, ich werde überall gebraucht!«

Niemand bei klarem Verstand würde sich heutzutage – außer vielleicht kurz nach dem Kauf eines neuen Autos – einfach nur ins Fahrzeug setzen und munter drauflosfahren, ohne sich vorher zu vergewissern, wohin die Reise eigentlich gehen soll. Weil auch der schlichteste Geist weiß, dass er dann Gefahr läuft, sich hoffnungslos zu verfahren.

Im täglichen Leben aber handeln wir oft genau so. Wir fahren los ohne ein klares Ziel vor Augen, drücken plötzlich wie verrückt aufs Gaspedal, weil wir vermuten, wir würden nicht ankommen. Wir geraten nicht selten in Sackgassen, die wir fälschlicherweise für Abkürzungen gehalten haben, und wundern uns gelegentlich darüber, dass uns irgendwie und irgendwo der Treibstoff ausgegangen ist und wir liegen bleiben – oft sogar noch an einem Ort, an den wir niemals freiwillig gefahren wären.

Warum tun wir das?

Entscheidungsfreiheit als Krise und Chance

Tiere haben es richtig gut – sie haben automatische Programme und Instinkte. Jeder Käfer weiß, was er zu tun hat, sobald er das Licht der Welt erblickt. Er lebt nach einem vorgegebenen Programm, das sich weltweit millionenfach bewährt hat und an dem Veränderungen nur evolutionär und nicht revolutionär stattfinden.

Ganz anders ist das bei uns Menschen. Wir werden nicht einfach nur von Automatismen und Instinkten gesteuert, auch wenn es bei manchen Zeitgenossen so scheint, vielmehr sind wir – zugegebenermaßen nur in begrenztem Rahmen (siehe auch das Kapitel »Motivationsforschung«, S. 77) frei, über Tun und Lassen selbst zu entscheiden.

Jeder Mensch hat – zumindest theoretisch – die Möglichkeit, aus seinem Leben etwas zu machen. Und genau diese einzigartige Chance betrachten viele Menschen als die größte Herausforderung, aber auch als täglich wiederkehrendes Problem.

Wer frei entscheiden kann, hat auch die Qual der Wahl. Jede Entscheidung (und auch die Nichtentscheidung ist ja letztlich eine Entscheidung) bedeutet ja oft den Ausschluss von unzählig vielen anderen Möglichkeiten. Wenn ich eine Ausbildung als Gartenpfleger beginne, kann ich nicht gleichzeitig Metzger werden; wenn ich mich entschließe, Medizin zu studieren, kann ich nicht gleichzeitig Bauingenieur werden. Wenn ich beschließe, Nina vor den Traualtar zu führen, muss ich wohl Michelle, Karin und Ines vergessen.

Der Grund, weshalb die meisten Menschen auf den konsequenten Gebrauch ihrer Wahlfreiheit und gegebenenfalls auf eine klare Überprüfung verzichten, liegt in der Angst, mit den Konsequenzen ihrer Entscheidung nicht fertig zu werden.

Die menschliche Wahlfreiheit zu akzeptieren und den biologischen Vorsprung deutlich zu nutzen heißt letztlich, sich selber klare und überprüfbare Ziele zu setzen. Das ist keine Hexerei. Auch wir Menschen haben Steuerungs- und Handlungssysteme, die uns helfen können, die gesteckten Ziele zu erreichen. Im Unterschied zu den automatischen Instinktprogrammen der Tierwelt gibt es aber leider nicht ein und dasselbe Leitsystem, das alle Menschen gleichermaßen steuert, sondern nur die jeweilige Einzigartigkeit im Zusammenwirken von Genen, Sozialisation, Umwelt, Tagesform und vielem mehr.

Und genau diese Einzigartigkeit stellt uns gelegentlich vor scheinbar unüberwindbare Hindernisse bei der Verwirklichung unserer Lebensträume und wir schauen neidvoll auf andere, die – zumindest aus unserer Sicht – weniger Probleme haben, sich selbst zu verwirklichen und das Leben zu leben, das sie tatsächlich leben wollen. Abgesehen von der trügerischen Qualität solcher meist nur ausschnitthafter und situativer Betrachtungen wird dabei aber eine zentrale Aussage sichtbar: Jeder lebt sein eigenes Leben und muss seine eigene Strategie finden. Hierbei hilft das Rubicon-Prinzip mit seinem ersten Grundsatz:

Formuliere deine Wünsche, Träume, Sehnsüchte als klare Ziele.

Der verborgene Autopilot

Wie die meisten Menschen haben vermutlich auch Sie Ihre Wünsche, Träume und Sehnsüchte. Ureigene Vorstellungen von einem gelungenen Leben – ein Gespür, wofür es sich ihrer Meinung nach zu leben lohnt. Für den einen ist das Versorgen der Familie das höchste Gut auf Erden, dem anderen bedeuten Freiheit und Unabhängigkeit alles und für den Dritten wiederum steht das Gefühl von Sicherheit und Geborgenheit an erster Stelle.

So wie der eine die Berge und das Klettern liebt und der andere die See, Schwimmen und Segeln, so unterschiedlich sind auch unsere Wünsche und Sehnsüchte strukturiert. Darum hat, um mit Kurt Tucholsky zu sprechen, der eine »Käthen« und der andere »Moneten«:

Aber wie das so ist hienieden:
manchmal scheint's so, als sei es beschieden
nur pöapö, das irdische Glück,
immer fehlt dir irgendein Stück.

Hast du Geld, dann hast du nicht Käthen,
hast du die Frau, dann fehl'n dir Moneten –
hast du die Geisha, dann stört dich der Fächer:
bald fehlt uns der Wein,
bald fehlt uns der Becher.

Etwas ist immer, tröste dich.
Jedes Glück hat einen kleinen Stich.
Wir möchten so viel: Haben – Sein – Und gelten.
Dass einer alles hat: das ist selten!

Diese Wünsche und Sehnsüchte erfinden wir vielleicht, eventuell werden sie uns auch irgendwie »geschenkt«. Meistens sind sie einfach da. Sie entstehen scheinbar im Schlaf, vor oder während der Geburt, in den Genen der Vorfahren oder einfach beim Frühstücken – wir wissen es nicht. Sie gehören scheinbar zu uns wie unsere Körpergröße, unsere Augenfarbe oder die Größe unserer Nase.

Sie steuern uns, wenn wir sie nicht steuern. Wie ein Autopilot beim Fliegen beeinflussen sie unser tägliches Handeln und die Qualität unseres Lebens.

Diese Wünsche und Sehnsüchte kennen zu lernen und handlungsleitend zu identifizieren ist die erste große Herausforderung.

Praxisaufgabe: Formuliere deine Wünsche, Träume, Sehnsüchte als klare Ziele

Wozu braucht man klare Ziele?

Die umfassende Bedeutung von klaren Zielen für das Verhalten von Menschen ist Gegenstand vieler psychologischer Studien gewesen und gilt allgemein als sehr gut untersucht. Ob man im Alltag nicht vielleicht auch ohne klare Ziele auskommen kann, ist letztlich vermutlich eine eher philosophische Frage, über die man nicht allzu lange diskutieren sollte. Richtige und für alle verbindliche Antworten wird es, wie in der Philosophie eher üblich, auch hier nicht geben.

Aber gerade die Selbstmanagement-Studien (von F. H. Kanfer und anderen) haben gezeigt, dass konkret formulierte Ziele im

Vergleich zu einem eher ziellosen Leben doch einige Vorzüge besitzen:

- Ziele lenken Energien und helfen, Ressourcen zu konzentrieren. Sie geben dem Leben Richtung.
- Ziele motivieren und helfen über Durststrecken hinweg.
- Gemeinsame Ziele fördern und koordinieren unterstützendes Handeln.
- Ziele zeigen, ob wir auf dem richtigen Weg sind.
- Ziele zeigen, ob wir angekommen sind.

Damit Ziele ihre leistungsfördernden Wirkungsfaktoren entwickeln können, müssen aber vor allem drei wichtige Kriterien erfüllt sein:

- Ziele sollten zwar hoch gesteckt, aber noch realistisch sein.
- Ziele sollten erreichbar sein.
- Ziele sollten überprüfbar definiert sein.

Zu leicht erreichbare Ziele (ver-)führen zu Faulheit und Langeweile, zu schwer erreichbare Ziele können dagegen dazu verleiten, sich zu verausgaben und frustriert zu werden.

Bitte tragen Sie in die Matrix Ihre acht wichtigsten Lebensziele ein!

Ziele	Kurzbezeichnung
1.	
2.	
3.	
4.	
5.	
6.	
7.	
8.	

Nicht alle Ziele sind nun gleichermaßen brauchbar und wichtig. Bringen Sie bitte nun in einem zweiten Schritt Ihre formulierten Ziele in eine Rangfolge. Das wichtigste bekommt die Zahl 1, das zweitwichtigste Ziel die Zahl 2 usw. Nehmen Sie auch als Feintuning die zwei am wenigsten wichtigen Ziele weg.

Wählen Sie also nun Ihre sechs wichtigsten Ziele aus und ordnen Sie diese in der Rangfolge ihrer Wichtigkeit.

Priorität	Kurzbezeichnung
1.	
2.	
3.	
4.	
5.	
6.	

Achtung: Überprüfen Sie jetzt noch einmal alle Ziele darauf, ob sie wirklich spezifisch formuliert sind, das heißt ob sich aus den formulierten Zielen konkrete Maßnahmen ableiten lassen und ob sich Kriterien dafür angeben lassen, wann das Ziel erreicht ist.

Zielkonflikte

Eine wichtige Aufgabe ist es nun festzustellen, ob die formulierten Ziele sich eventuell gegenseitig behindern oder sogar fördern. So kann zum Beispiel das Lebensziel »Familie« stark behindert werden durch das Lebensziel »Karriere«.

Bitte übertragen Sie nun die Kurzbezeichnung der Ziele in der **Reihenfolge ihrer Wichtigkeit** sowohl in die **Spalten** 1 bis 6 als auch in die **Zeilen** 1 bis 6 der folgenden Tabelle.

Ziel/Kurzbezeichnung ＼ Ziel/Kurzbezeichnung	1.	2.	3.	4.	5.	6.	Zeilensumme
1.							
2.							
3.							
4.							
5.							
6.							
Spaltensumme							

Überlegen Sie sich dann, welche Zusammenhänge zwischen jedem einzelnen Ziel und jeweils übrigen Zielen bestehen. Gehen Sie dabei zeilenweise vor! Nehmen Sie sich zunächst die erste Zeile vor und fragen Sie sich:

• Ziel 1 fördert oder behindert wie stark Ziel 2?
• Ziel 1 fördert oder behindert wie stark Ziel 3?
• und so weiter

Wenn Sie die erste Zeile ausgefüllt haben, gehen Sie zur zweiten Zeile und fragen Sie sich:

• Ziel 2 fördert oder behindert wie stark Ziel 1?
• Ziel 2 fördert oder behindert wie stark das Ziel 3?
• und so weiter

Gehen Sie auf diese Weise eine Zeile nach der anderen durch, immer von links nach rechts. Vergeben Sie dabei zur Bewertung jeweils Punkte, die Sie in die Felder der Tabelle eintragen. Die Punktwerte reichen von -2 bis +2 und bedeuten im Einzelnen:

−2	−1	0	+1	+2
starke Behinderung	mäßige Behinderung	weder/noch oder teils/teils	mäßige Förderung	starke Förderung

Ermitteln Sie dann die Zeilen- und die Spaltensumme.

Umgang mit Zielkonflikten

Eine 4-Schritt-Übung zur Umgewichtung
der Prioritäten Ihrer Lebensziele

Nun kann es sinnvoll sein, dass Sie die Prioritäten Ihrer Lebensziele neu überdenken und umgewichten, vor allem dann, wenn Sie feststellen, dass Sie starke Zielkonflikte haben (das heißt geringe Werte in den umrandeten Feldern).

Die folgende Anleitung soll Ihnen helfen, darüber Klarheit herzustellen. Die Empfehlungen, die dabei gegeben werden, sollten Sie sorgfältig überdenken und gegebenenfalls berücksichtigen. Befassen Sie sich zunächst einmal in aller Ruhe mit der Tabelle, in der die Zielkonflikte berechnet sind. Danach gehen Sie die folgenden vier Schritte durch.

1: Schritt: Umgang mit Partisanen

Fällt Ihnen eine **Zeilensumme** besonders auf, die beim Vergleich mit den anderen Zeilensummen deutlich **geringer** ist oder **negativ** ausfällt? Dies bedeutet dann, dass sich dieses Ziel besonders ungünstig auf alle übrigen Ziele auswirkt. Man könnte von einem »Partisan« sprechen.

Sie können nun erwägen, die Priorität des Partisans zu vermindern. Vielleicht ist es möglich, dieses Ziel weniger stark als bisher zu gewichten. Dadurch rutschen dann alle übrigen Ziele ein wenig nach oben. Vielleicht ist es auch sinnvoll, den Partisan mit einem anderen Ziel auszutauschen, das sich weniger negativ auf die übrigen Ziele auswirkt.

Partisan:
_____

Maßnahmen:
_____

2. Schritt: Umgang mit Helfern

Gibt es vielleicht eine **Zeilensumme**, die einen sehr hohen **positiven** Wert hat? Dies bedeutet dann, dass sich dieses Ziel besonders günstig und hilfreich auf die Verwirklichung Ihrer übrigen Ziele auswirkt. Dieses Ziel nimmt für Ihre übrigen Ziele die Rolle eines »Helfers« ein. Möglicherweise könnte es sich lohnen, die Priorität dieses Ziels zu erhöhen. Überlegen Sie, durch welche konkrete Maßnahme sich dies realisieren ließe.

Helfer:

_____

Maßnahmen:

_____

3. Schritt: Umgang mit Opfern

Gibt es bei näherem Betrachten eine oder mehrere **Spaltensummen**, die einen **relativ kleinen** oder einen **negativen** Wert einnehmen? Dann handelt es sich hierbei möglicherweise um »Opfer«. Dies bedeutet, dass diese Ziele von den übrigen Zielen stark unter Druck gesetzt werden. Vermutlich kostet es viel Kraft und Energie, sie gegen alle Widerstände umzusetzen. Prüfen Sie, ob es angebracht ist, die Priorität dieser Ziele zu verringern. Auf diese Art und Weise können Sie dem starken Druck am ehesten ausweichen.

Vielleicht erscheint es aus Ihrer jetzigen Sicht aber auch sinnvoll, an der Priorität des Opfers festzuhalten. In diesem Falle müssen Sie damit rechnen, dass es schwer werden wird, dieses Ziel gegen alle übrigen Ziele zu verteidigen. So etwas kann Sie sehr viel Kraft und Energie kosten. Überlegen Sie sich dann bitte geeignete Abwehrstrategien, um Ihre Opfer gegen die übrigen Ziele zu schützen.

Opfer:

Maßnahmen:

4. Schritt: Umgang mit Nutznießern

Gibt es eine **Spaltensumme**, die einen **relativ hohen** Wert anzeigt? Bei dem betreffenden Lebensziel handelt es sich dann um einen so genannten »Nutznießer«: Dieses Ziel wird von den übrigen Zielen profitieren. Es lässt sich vermutlich leichter erreichen, als Sie glauben. Eventuell bedeutet das für Sie auch, dass Sie sich auf die Verwirklichung dieses Zieles nicht mehr besonders stark konzentrieren müssen und es »so nebenbei« mit verwirklicht wird.

Eventuell können Sie aber auch die »Gunst der Stunde nutzen« und die Priorität des Nutznießers sogar noch erhöhen, damit dieses Ziel so schnell wie möglich erreicht wird und dann mehr Zeit und Energie für die übrigen Ziele bereitstehen.

Nutznießer:

Maßnahmen:

Ziele in Aktion

In den Zielen eines Menschen und der Art, wie er sie bearbeitet, äußert sich seine unverwechselbare Eigenart, das Leben zu erfahren und zu gestalten.

Dabei dürfen und müssen wir uns und andere grundsätzlich erst einmal so akzeptieren, wie wir beziehungsweise sie sind. Kierkegaard sagte dazu:»Die Reife des Menschen drückt sich in der Fähigkeit aus, andere in ihrer Eigenart zu akzeptieren.«

Wer seine Ziele verwirklicht, verwirklicht seine Eigenart. Und nichts auf der Welt ist erfolgreicher als das Einmalige. Nicht die Frauen mit auswechselbarer Figur und Schönheit, wie sie gegenwärtig nach der Schablone von Schönheitschirurgen im 08/15-Stil hergestellt werden, erobern die Herzen der Männer, sondern die Frauen mit der unverwechselbaren Ausstrahlung, mit der inneren Schönheit, die erst auf den zweiten Blick sichtbar wird. Nicht derjenige macht Karriere und hat Erfolg, der nur kann und macht, was andere auch machen, sondern eher derjenige, der etwas leistet, was in seiner Einmaligkeit nur er zu leisten vermag.

Unsere ganz persönlichen und unverwechselbaren Ziele und deren Bearbeitung verleihen uns das gewisse Etwas, das uns von jedem anderen Menschen unterscheidet.

Unsere ureigensten Ziele zu entdecken und in die Tat umzusetzen ist die Herausforderung des Lebens selbst. Und darum darf jeder Mensch es in seinem Leben so haben, wie er es gerne hätte. Damit er einmal wird, was in ihm steckt. Und sein Leben als Erfolg genießen kann.

Dazu bedarf es zunächst der Klärung, ob die Ziele durch Bauch oder Kopf angetrieben werden.

Zweite Rubicon-Qualität Caesars:

UEBERZEUGUNGS-KRAFT

Bei aller Diskussion unter Historikern über die Frage, ob und in welcher Weise Caesar »groß« gewesen sei, und bei aller Anerkenntnis der ethischen Ambivalenz solcher Größe, die immerhin einen exorbitanten Blutzoll – am Ende seines Lebens auch das eigene Blut – gekostet hat, ist doch unumstritten, dass von der Person Caesars bereits auf seine Zeitgenossen eine Faszination ausging, die bis heute fortwirkt. Trotz oder gerade wegen der verheerenden Erfahrungen, die unser Jahrhundert mit »großen« Männern, »Führern«, gemacht hat.

Cicero etwa, ein Zeitgenosse Caesars, ist fasziniert von seinem Geist, seiner Rationalität, seiner umfassenden Bildung, seinem unvergleichlichen Gedächtnis, seiner verabscheuenden und in vielfältiger Weise auch fürsorglichen Umsicht, seiner Entschlusskraft und von der Präzision, die der Durchführung seiner Pläne innewohnt. Drei Generationen später rühmt Plinius Caesars hervorragende Geistesgaben, seine Tatkraft und Festigkeit sowie – modern ausgedrückt – seine Fähigkeit zu »ganzheitlichem Denken«, nämlich die Gabe, »alles zu umfassen, was unter dem Himmel ist«.

Der große Schweizer Historiker des 19. Jahrhunderts, Jacob Burckhardt, konstatiert bei ihm »einen wundervoll organisierten Geist von unglaublicher Vielseitigkeit, Spannkraft, Schärfe, die größte Kühnheit und Entschlossenheit, verbunden mit Klugheit und Verschlagenheit«.

Berühmt und gleichsam zu konstanten Einschätzungsmetaphern politischen Handelns geworden sind weiterhin seine Schnelligkeit (»celeritas caesaris«), seine bis auf wenige Ausnahmen konsequent eingesetzte Grausamkeit, seine Milde im Umgang mit seinen Gegnern (»clementia caesaris«) sowie die immer wieder spürbare, ungewöhnliche Konzentration seines Willens, die starke, rücksichtslose Unbedingtheit, mit der Caesar seine Gegner zu beeindrucken und seine Soldaten auch in scheinbar ausweglosen Situationen mitzureißen vermochte.

Caesar wusste zu überzeugen. Und dies nicht nur mit Worten – er war ein Meister der klaren und einfachen Sprache –, sondern vor allem auch dadurch, dass er als Vorbild führte und zum Beispiel seinen Soldaten in der Schlacht voranging, persönlich also höchste Risiken auf sich nahm. Caesar bezeichnete es selbst als sein Ziel, »durch Taten voranzugehen« (operibus anteire).

Führen durch Vorbild war ein wichtiger Bestandteil der Überzeugungskraft, die von Caesar ausging. Der griechische Historiker Cassius Dio rühmt an ihm, dass Caesar jede Notwendigkeit mit größter Schärfe erkannte und überzeugend zu interpretieren wusste, um sie dann höchst geschickt anzupacken.

Caesar schulte ganz gezielt die Fähigkeiten seiner Soldaten – und dies nicht nur durch rein körperliches Exerzieren. Sein Ziel war es – er betont dies immer wieder in seiner Darstellung des gallischen Krieges –, seine Soldaten zu folgerichtigem, selbstständigem Handeln zu erziehen. Modern ausgedrückt: Caesar verstand sich als »Coach« seiner Mitarbeiter. Angesichts schwer zu überbrückender Entfernungen und langer Kommunikationswege (der Informationsaustausch vom südlichen Gallien, der heutigen Provence, mit Rom dauerte seinerzeit etwa vierzig Tage) war selbstständiges Handeln von optimal informierten, loyalen und motivierten Mitarbeitern eine Grundvoraussetzung für das Funktionieren von Caesars System. Wie anders hätte er, der in Gallien Krieg führte, weiterhin Einfluss auf die römische Innenpolitik nehmen können?

Caesar wusste zu überzeugen, indem er seine Soldaten bei ihrer Ehre packte, sie dazu brachte, sich unter Einsatz ihres Lebens mit seinen Zielen zu identifizieren. Caesar lebte den ganzen Sommer über bei seiner Armee. Er kannte alle höheren Offiziere, Subalternoffiziere und Unteroffiziere und konnte sie persönlich ansprechen, um sie zu motivieren. Dabei stellte er an sich selbst die höchsten Anforderungen.

Eher von schwacher körperlicher Konstitution und hager – die moderne Trainingslehre würde sagen, dass er nichts zuzusetzen und kaum physische Reserven hatte –, soll er sogar gezielt versucht haben, durch minimale Nahrungsaufnahme, extrem lange Märsche, ständigen Aufenthalt unter freiem Himmel und körperliche Schulung seine eher kränkliche Konstitution zu stärken und abzuhärten. Eine Reihe von Quellen überliefern, Caesar habe gelegentlich unter epileptischen Anfällen gelitten. Er hatte diese Krankheit jedoch offenbar im Griff: Im Falle eines unvorhergesehenen Anfalls ließ er sich auf einem Feldbett sogar in eine tobende Schlacht tragen.

Überzeugungskraft durch Vorbild war Caesar also in hohem Maße zu eigen. Die vielen politischen Stationen seines Lebens hatten ihn die Unerlässlichkeit der Vorbildfunktion gelehrt.

Aber auch mit Worten und in seinen schriftlichen Zeugnissen wusste Caesar zu überzeugen: Nicht zuletzt sein Werk über den gallischen Krieg – letzten Endes eine Sammlung von Berichten an den römischen Senat – legt beredtes

Zeugnis davon ab. Es verwundert kaum, dass es wegen der Klarheit seiner Sprache noch heute als Einstiegslektüre in den Lateinunterricht dient. Generationen von Gymnasiasten können dies bestätigen und der erste Satz des umfangreichen Werkes, »Gallia omnis est divisa in partes tres«, ist nachgerade zu einem geflügelten Wort geworden.

Caesar hatte sich – einmal von seiner natürlichen Begabung abgesehen – gezielt rhetorisch geschult. Viele Debatten im Senat – und dort ging es bis hin zum Verzögern und Verhindern von Entscheidungen durch »Dauerreden« häufig sehr turbulent zu – hat er durch sein ausgesprochenes rhetorisches Geschick zu seinen Gunsten gleichsam »umgebogen«.

Sicherlich standen einem Angehörigen der römischen Nobilität – und diese zahlenmäßig überschaubare Adelsgesellschaft beherrschte immerhin die gesamte damals bekannte Welt – vielerlei Hilfsmittel zu Verfügung. Das, was für eine Führungskraft des 21. Jahrhunderts PC und Notebook sind, wurde zu Caesars Zeit von speziell ausgebildeten Sklaven übernommen. So halfen etwa die »Nomenclatores« mit ihrem geschulten Gedächtnis dem Adligen auf die Sprünge, der sich Namen schlecht merken konnte, und historisch gebildete Sklaven lieferten ihm bei entsprechendem Argumentationsbedarf Beispiele aus der Geschichte Roms. Aber im Senat oder gar im Vorfeld einer militärischen Auseinandersetzung war jeder auf seine eigene Überzeugungskraft und seine eigenen rhetorischen Fähigkeiten angewiesen!

Dies war Caesar bereits sehr früh klar, und nicht zuletzt deshalb hat er wohl der Ausbildung, die ein junger Adliger in Rom normalerweise genoss, als Zwanzigjähriger ein Studium in Griechenland hinzugefügt. Dieses Studium, zu dem er im Jahre 75 v. Chr. nach Rhodos aufbrach, hatte seinen Schwerpunkt in Rhetorik und Philosophie. Caesar hatte also Reden und Überzeugen gleichsam »von der Pike auf« gelernt.

Beispiele der Überzeugungskraft Caesars bei seinen Auftritten im Senat hat insbesondere der römische Historiker Sallust in seinem Werk über den versuchten Staatsstreich des Catilina (›De coniuratione Catilinae‹) geliefert.

Berühmt geworden ist Caesars Rede gegen die Todesstrafe im Jahre 63 v. Chr., als er stattdessen – völlig entgegen dem geltenden römischen Recht – eine lebenslange Haft für die Verschwörer vorschlug und dabei auf den erbitterten Widerstand seines späteren Todfeindes, Marcus Percius Cato stieß.

Motivation: Verstand und Gefühl, Kopf und Bauch

Was ist ein Motiv?

Motivation kommt vom lateinischen Wort »movere« – »eine Bewegung auslösen«. In der Forschung nach diesen »Beweg«gründen menschlichen Verhaltens unterscheiden Motivationspsychologen vor allem zwischen Motiv, Motivation und dem Einfluss der Situation:

- **Motive** sind überdauernde persönliche Dispositionen, die das Verhalten als »Wertungsneigung« bestimmen. Motive können bewusst oder unbewusst sein, sie beziehen sich immer auf bestimmte Handlungsziele – allgemein sprechen wir auch von Antrieb, Drang, Ehrgeiz, Neigung, Sehnsucht, Streben, Wollen.
- **Motivation** ist der psychologische Begriff für alle zielgerichteten Prozesse, die durch ein aktualisiertes oder »geladenes« Motiv ausgelöst werden.

Während ein Motiv in der jeweiligen Person liegt, ist Motivation von der jeweiligen **Situation** abhängig, die als Anreiz oder »Motivanreger« wirkt: Situationen lösen in Wechselwirkung mit den personenspezifischen Motiven Prozesse der Motivation aus.

Motivationspsychologen unterscheiden zudem zwischen

- **allgemeiner Motivation** als dem charakteristischen Energie- oder Antriebsüberschuss des Menschen (»Der Mensch will immer etwas«, könnte man in Anlehnung an ein berühmtes psychologisches Axiom formulieren, »auch wenn er nichts will.«) und

- **spezifischer Motivation,** welche Psychologen erforschen als Neugier-, Anschluss-, Hilfe(leistungs)-, Aggressions-, Macht- und besonders als Leistungsmotivation, der am gründlichsten untersuchten Teildisziplin der gesamten Motivationspsychologie.

Zweiter Rubicon-Grundsatz: Kläre ab, ob deine Ziele von deiner inneren Motivation (Bauch) oder von deinem Verstand (Kopf) angetrieben werden.

Grundfrage: Warum habe ich bei bestimmten Zielsetzungen viel Spaß und Freude bei der Umsetzung und bei anderen Zielsetzungen wenig oder überhaupt nicht?

Vermutlich haben Sie sich neben der Grundfrage auch schon einmal eine oder mehrere der folgenden Fragen gestellt:

- Wie kommt es, dass manche Menschen die Verwirklichung ihrer Ziele äußerst hartnäckig verfolgen, andere dagegen nicht?
- Warum erreichen manchmal gerade diejenigen mehr, die weniger intensiv ihre Ziele verfolgen?
- Warum erreichen manche Menschen fast spielerisch ihre Ziele und andere nur im Schweiße ihres Angesichts?
- Wie kommt es, dass manche Handlungen mir sehr leicht von der Hand gehen und andere wiederum permanent von mir aufgeschoben werden?

Um diese Fragen zufrieden stellend zu beantworten, müssen Sie mit uns gemeinsam etwas tiefer in die Praxiskonsequenzen der Motivations- und Handlungsforschung einsteigen. Kommen Sie ruhig mit, es lohnt sich.

Beim Betrachten der Erkenntnisse der Motivations- und Handlungsforschung ist es aus Gründen der Verständlichkeit allerdings notwendig, holzschnittartig vergrößert entsprechende komplexe und komplizierte Sachverhalte vermutlich unzulässig stark vereinfacht darzustellen. Nehmen Sie dies bitte zur Kenntnis, wenn wir in diesem Kapitel die Metaphern »Bauch« und »Kopf« benutzen. Ebenso hätten wir »Ratio« und »Emotionen«, »Herz« und »Hirn« oder »Verstand« und »Gefühl« auswählen können.

Vermutlich, liebe Leser, kennen Sie auch Situationen, in denen Sie spontan Lust hatten, etwas zu tun: Golf zu spielen, einen Artikel zu schreiben, den Zaun zu streichen, die Wohnung umzuräumen oder das Auto zu waschen. Solchen spontanen Eingebungen nachzugeben fällt uns meist nicht schwer, sie kollidieren aber manchmal mit so genannten »Pflichten«, die uns unser Verstand als »vernünftig« auferlegt. Zwar werden sie meist mit wenig Lust und Vergnügen angegangen, müssen aber zur Lebenserhaltung und Fortentwicklung auch erledigt werden, etwa die Steuererklärung, der Familienbesuch, die Hausarbeit etc.

Solche Unterschiede müssen modellhaft berücksichtigt werden, damit wir die Ziele, zu deren Verwirklichung wir innerlich »aus dem Bauch heraus« motiviert sind, arbeitstechnisch abgrenzen können von den Zielen, die uns der Verstand diktiert. Wir unterteilen aus diesem Grund, wie Sie in der Abbildung unten erkennen können, die Ziele in B-Ziele (Bauch-Ziele) und in K-Ziele (Kopf-Ziele).

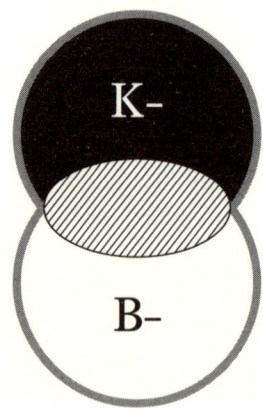

Diese stark vereinfachte Polarisierung geht ursächlich auf den Motivationspsychologen David McClelland zurück und hat eine Erweiterung durch den Psychologen Hugo M. Kehr am Rosenstiel-Lehrstuhl der Uni München erfahren.

Werden unsere Ziele durch das in uns wirkende »intrinsische Motivationsprofil« unterstützt, handelt es sich also um Bauch-Ziele, und entsprechen sie damit unseren Bedürfnissen, benötigen wir in der Regel keine zusätzlichen Anstrengungen, um eine Handlung zu verwirklichen.

Handelt es sich dagegen um Ziele, die unser Verstand ausgewählt hat, K-Ziele, müssen wir den schwierigeren Weg gehen. Wir müssen dann gegen die bestehende Motivation (zum Beispiel etwas anderes zu tun) ankämpfen oder uns trotz fehlender Motivation überwinden. Jetzt sind eine hohe Willenskraft und/oder Strategien zur Selbstüberlistung gefordert. In einem späteren Kapitel (»Handeln: Die Brücken über den Rubicon«, S. 151) stellen wir Ihnen unterschiedliche Überwindungstechniken vor.

Selbstverständlich sind auch diese Brücken je nach Ausgangssituation mehr oder weniger gut geeignet. Es sei aber bereits hier darauf hingewiesen, dass der Weg über die Rubicon-Brücken immer nur die zweitbeste Lösung ist.

Grundsätzlich macht es keinen Spaß, gegen seine innere Bedürfnislage zu handeln und sich künstlich zu motivieren. Alles geht wesentlich leichter, mit mehr Frohsinn und Glücksmomenten von der Hand, wenn wir gemäß unseres Motiv-Profils (intrinsisch motiviert) agieren und dementsprechend auch unsere Ziele setzen. Zahlreiche Studien zeigen: Intrinsische Motivation fördert die Umsetzung von Handlungsabsichten.

Wenn die vom Verstand formulierten Ziele mit dem Bauch übereinstimmen beziehungsweise aufeinander zu bewegt werden können, steigt die Umsetzungswahrscheinlichkeit und – was besonders wichtig ist – Spaß und Lebensfreude nehmen zu. Das sind die Momente, in denen Menschen in ihrer Tätigkeit aufgehen und quasi Zeit und Raum verlieren. Wie etwa der Motorradfahrer, der im Frühling seine Maschine gewartet hat und bei herrlichem Sonnenschein zu seinem ersten Ausflug in das Tramuntana-Gebirge startet, wobei Maschine, Luft und Körper scheinbar eins werden, oder der Bergsteiger, der während des Kletterns in einen Zustand der spirituellen Trance verfällt, oder der Chirurg, der in der Begeisterung für seinen Beruf Ergebnisse schafft, die übernatürliche Kräfte und Konzentration voraussetzen (siehe auch das Kapitel »Flow«, S. 140).

Der amerikanische Psychologieprofessor Mihaly Csikszentmihalyi hat dafür das Konzept des Flow-Erlebens entwickelt. Flow ist ein Zustand der schon fast spirituellen Versunkenheit und Loslösung. Zeit und Raum verlieren sich in dem Einssein mit der jeweiligen Tätigkeit. Jeder kennt solche Situationen, wo die Zeit wie im Fluge vergeht, wo keine negativen Gefühle auftreten, wo man nicht positiv oder negativ wertet und scheinbar allem Irdischen entrückt ist. Ein solches Flow-Erleben ist ein untrügliches Anzeichen dafür, dass Sie in diesem Moment intrinsisch motiviert sind. Umgekehrt bedeutet das aber auch, dass intrinsische Motivation eine wichtige Vorbedingung für Flow-Erleben ist.

Klaffen »Kopf« und »Bauch« zu weit auseinander, wird kein Flow-Erleben möglich sein. Es spricht also sehr viel dafür, in unseren Alltagssituationen nach Möglichkeiten zu suchen, verstärkt Zeitverwendung im Schnittfeld von Kopf und Bauch zu schaffen. Voraussetzung dafür, dass so etwas erreicht werden kann, ist, dass uns beide Bereiche – Kopf und Bauch – bestens bekannt sind. Denn nur so wissen wir, wann sie übereinstimmen und wann nicht. Aus diesem Grunde sollten Sie, bevor Sie Ihre Ziele weiterbearbeiten, herausfinden, was Sie im Leben antreibt und was nicht.

Dritte Rubicon-Qualität Caesars:
BEZIEHUNGS-
KOMPETENZ

Für einen jungen Adligen von Caesars Herkunft war Beziehungspflege von zentraler Bedeutung. Zumal dann, wenn er die Beamten- und Senatslaufbahn anstrebte. Modern formuliert: Der Aufstieg in Rom war nur gemeinsam mit Bündnispartnern und mithilfe sorgfältig zu pflegender »Seilschaften« möglich.

Verbindungen, Beziehungen, oft über Generationen hinweg gepflegt – die Familie der Julier stand zum Beispiel seit mehr als hundert Jahren der Familie der Marier nahe –, bedeuteten sehr viel in einer politischen Landschaft, in der es außer ehernen Rahmenbedingungen wenig Verlässliches gab. Und nicht nur adlige Familien hatten ihre traditionellen Beziehungen. Nein, hinter jeder adligen Familie standen wiederum ganze Heerscharen von ritterlichen und plebejischen Familienverbänden. In Rom nannte man so etwas eine »Clientel«.

Wenn man weiß, wie ein solcher Clientelverband funktioniert und welcher Pflege er bedarf, dann kann man verstehen, wie Caesar während seiner Zeit als Statthalter in Gallien – und das war er immerhin elf lange Jahre – seine Verbindungen nach Rom aufrechterhalten hat. Wir wissen, dass er ständig bis ins letzte Detail über Einzelheiten und Zusammenhänge der stadtrömischen Politik – und das war im Grunde die Weltpolitik der damaligen Zeit – informiert war. Darüber hinaus hat er sie durch seine Gewährsleute und Mittelsmänner ständig mitgestaltet und aus der Entfernung so gut wie an jeder politischen Intrige mitgewirkt.

Dies bedeutete sowohl die Unterhaltung und Pflege eines politischen Beziehungssystems als auch die Erhaltung eines funktionierenden Nachrichtendienstes.

Ein reitender Bote brauchte zu Caesars Zeit von Rom bis ins südliche Gallien und zurück etwa vierzig Tage. Das heißt, Caesar war mit seinen Eingriffen in die römische Politik immer etwa vierzig Tage im Rückstand. Wie konnte das funktionieren? Die Antwort liegt eigentlich klar auf der Hand: Caesar traf aus der Entfernung nur Grundsatzentscheidungen. Basis seiner politischen Beziehungspflege musste Vertrauen sein. Vertrauen darauf, dass seine Bündnispartner zuverlässig und vor allem selbstständig in der Lage sein würden, in seinem Sinne zu handeln.

Die Familie Caesars war sehr wohlhabend, wenngleich sie nicht zu den wirklich reichen Familien Roms zählte. Caesar selbst war in der Lage, durch seine politischen Ämter – insbesondere durch die Statthalterschaften in Spanien und Gallien – riesige Geldsummen zu erwerben. Eigentlich hätte er sich um seine Finanzen keine Sorgen machen müssen. Aber gerade die politische Beziehungspflege in Rom erforderte den Einsatz bedeutender Geldsummen. Da wurden aufwändige Spiele für die plebejische Clientel veranstaltet, da brauchte ein politischer Freund dringend Geld und bekam es anstandslos von Caesar »geliehen«, ohne es jemals zurückzahlen zu müssen. Caesars Großzügigkeit war nachgerade sprichwörtlich – und oft genug stand er deswegen am Rande des Ruins, ja war gelegentlich tatsächlich bankrott.

Aber Caesar besaß Nonchalance solchen Dingen gegenüber, die einen Teil dessen ausmacht, was bereits seine Zeitgenossen als »Größe« bezeichneten. Manche kritisierten ihn als einen Spieler, aber Caesar gab ganz bewusst alles, was er hatte, für die Pflege seiner politischen Beziehungen. Er ging aufs Ganze, er setzte alles. Er setzte jedoch nicht nur auf eine Karte, sein Spiel hatte System. Aber es wurde alles gesetzt. Geld und Wohlstand waren für Caesar nur Mittel zum Zweck.

Einige von Caesars Bündnissen sind als besonders wichtig hervorzuheben.

Hier sollen zwei davon genannt werden. Zum einen das so genannte »Triumvirat«, bestehend aus Caesar, Crassus und Pompeius, zum anderen nach dem Tode des Crassus (er fiel im Krieg mit den Parthern) das Duumvirat mit Pompeius. Diese Bündnisse beherrschten zu ihrer Zeit die römische Politik – und das bedeutete, wie gesagt, die Politik der damals bekannten Welt!

Die Männer, die sich da zusammengetan hatten, konnten verschiedener kaum sein. Da war Crassus, der damals wohl reichste Mann Roms. Und da war Pompeius, dem von Jugend an wegen seines Ehrgeizes und des Reichtums seiner Familie jeder Erfolg in den Schoß gefallen war, der aber seine Ziele nicht offen verfolgte, sondern in jedes seiner politischen Ämter hineingedrängt werden musste. Er war ein politischer und militärischer Organisator von genialem Zuschnitt, aber auch einer, der im Grunde jedes Risiko verabscheute, sowie einer, der von allen geliebt und geachtet werden wollte, und dem deshalb das Bündnis mit Caesar, dem politisch der Ruf eines Hasardeurs anhaftete, sehr schwer fiel. War ein solches Bündnis wirklich mit der Ehre des Pompeius zu vereinbaren? Was einte diese höchst unterschiedlichen Männer, deren Bündnisse immerhin über Jahre hinweg funktionierten?

Sie waren durch Macht, persönliches Format und politischen Ehrgeiz Außenseiter in einer politischen Kultur, in der der alles beherrschende Senat eine Politik des Mittelmaßes – modern ausgedrückt, eine Politik von »Checks und Balances« – verfolgte, deren wichtigster Grundsatz es war, niemanden allzu weit nach oben kommen zu lassen. Keiner sollte auch nur in die Nähe der Versuchung kommen, so etwas wie eine Königswürde an sich zu reißen. So musste jede Verlockung dazu – und die riesigen Ressourcen des damaligen von einer Stadtrepublik beherrschten römischen Reiches boten nun einmal solche Verlockungen in hohem Maße – bereits im Keim erstickt werden.

Wenn also Caesar, Crassus und Pompeius ein gemeinsames Ziel hatten, so war es, dieser »Mittelmaßpolitik« des Senats etwas entgegenzusetzen. Denn jeder, der politisch oder militärisch allzu erfolgreich war – und das waren alle drei –, ging unter der Staatsherrschaft ein beträchtliches Risiko ein: zunächst hoch geehrt (zum Beispiel indem der Senat ihm einen Triumphzug gewährte) und anschließend (mit ziemlicher Sicherheit und großer politischer Folgerichtigkeit) politisch kaltgestellt zu werden.

Caesars Bündnisse mit Crassus und Pompeius dienten also vornehmlich der Absicherung seines Machtgewinns wie auch dem Schutz vor dem Zugriff des Senats nach Abschluss einer Amtsperiode. Solange ein Beamter im Amt war, war es nämlich nicht möglich, ihn rechtlich zu belangen. War die Amtsperiode abgelaufen, stand dem Zugriff des Senats und der politischen Gegner nichts mehr im Wege – es sei denn, man verfügte über politische Bündnispartner, die sich gerade zu dieser Zeit in Amt und Würden befanden und entsprechend Einfluss nehmen konnten.

Beziehungspflege kann somit als Dreh- und Angelpunkt einer politischen Karriere in Rom angesehen werden – ein Geschäft, in dem es Caesar zur Meisterschaft gebracht hat.

Was uns wirklich antreibt

Bereits Mitte 1998 veröffentlichte der Psychologe Steven Reiss von der Ohio State University relativ unbeachtet von der europäischen Fachwelt bahnbrechende Ergebnisse aus seinen wissenschaftlichen Studien zu dem Thema, warum Menschen das tun, was sie tun.

Auf der Basis der Erkenntnisse von Reiss müssen die bisherigen Annahmen, dass die grundsätzlichen Motive menschlichen Verhaltens auf alles Mögliche – von der Suche nach Wahrheit bis hin zur Maximierung von Vergnügen oder Vermeidung von Schmerz – zurückzuführen sind, neu überdacht werden. Reiss deckte auf, dass fast alles, was wir tun, auf 16 fundamentale Bedürfnisse und Werte zurückgeführt werden kann.

Dabei ist jeder Mensch in der jeweiligen Ausprägung seiner Grundmotivation einzigartig: »Wie einen individuellen Fingerabdruck hat jeder Mensch ein unverwechselbares Motiv-Profil«, so Steven Reiss. Sich dessen bewusst zu sein ist eine unabdingbare Voraussetzung, um zum Beispiel die in der Wirtschaft als zukunfts- und innovationstaugliche Kernkompetenz Nr. 1, ergänzendes Aufeinanderzugehen, tatsächlich entwickeln zu können. Was treibt mich und meine Mitarbeiter wirklich an, das zu tun, was wir tun, oder das zu tun, was getan werden muss, dürfte eine wichtige Grundfrage zukunftsorientierter Unternehmen und Führungskräfte sein.

In den vielen Studien und Untersuchungen von Reiss mit über 7000 Männern und Frauen in den USA, Kanada und Japan kristallisierte sich heraus, was im Mittelpunkt seiner neuen Persönlichkeits- und Motivationstheorie steht: Allen menschlichen Verhaltensweisen liegen diese 16 Motive zugrunde. Unsere Motive, Wünsche und Werte bestimmen die Art und Weise, wie wir uns mit unserer Umwelt und unseren Mitmenschen auseinander setzen: Sie sind der Stoff, aus dem Erfolg und Misserfolg geformt werden.

Besonderen Wert legt Reiss auf die individuellen Grundlagen. So wie kein Lebensmotiv von zwei Menschen identisch erfahren oder gestaltet wird, geht es in seinem Konzept im Gegensatz zu vielen anderen Motivationskonzepten weniger darum, ob alle Menschen diese 16 Lebensgründe teilen, sondern wie sehr sie sich darin unterscheiden. Wir sind viel individueller und einzigartiger, als Psychologen bisher meinten: »Was Menschen so einzigartig macht«, betont der Persönlichkeitsforscher, »ist die jeweilige Kombination dieser Bedürfnisse und was sie für den Einzelnen bedeuten.«

Die individuellen Antriebs- und Werteprofile beeinflussen natürlich auch unsere Beziehungen zu Vorgesetzten und Mitarbeitern. So wie wir uns intuitiv zu den Menschen hingezogen fühlen, die ähnliche Werte wie wir haben, so lehnen wir fast instinktiv Menschen mit grundsätzlich anderen Lebensmotiven und -zielen ab. Erst die Akzeptanz der Andersartigkeit als Zeichen einer reifen Führungspersönlichkeit ermöglicht die Vermeidung von Konflikten und Stress-Situationen und verhindert unproduktive Ego-Strapazen.

Die 16 Lebensmotive

16 Gründe, warum wir leben, wie wir leben – was uns intrinsisch motiviert

Macht drückt sich aus im Streben nach Erfolg in allen Lebensbereichen, Leistungsbereitschaft, im Drang nach Führung.
Unabhängigkeit wird ausgelebt in einem permanenten Streben nach Entscheidungsfreiheit und Autarkie.
Neugier beinhaltet das Streben nach Wissen und Wahrheit.
Anerkennung zeigt sich im Streben nach sozialer Akzeptanz, Selbstwert und nach Zugehörigkeit.

Ordnung wird ausgelebt im Streben nach Stabilität und Klarheit.

Sparen ist gekennzeichnet durch das Streben nach Anhäufung materieller Güter und Eigentum.

Ehre beinhaltet das Streben nach moralischer und charakterlicher Integrität.

Beziehungen legt Wert auf dauerhafte Freundschaften sowie auf Freude und Humor.

Idealismus meint das Streben nach sozialer Gerechtigkeit und Fairness.

Familie hat Familienleben und Kindererziehung als oberste Priorität.

Status zeigt sich im Streben nach Social Standing, Reichtum und öffentlicher Anerkennung.

Rache wird ausgelebt durch Konkurrenzdenken, Kampf und Vergeltungssucht.

Romantik zeigt sich im Ausleben von Erotik und Sexualität ebenso wie in der hohen Priorität von Schönheit.

Ernährung ist gekennzeichnet durch den ständigen Wunsch nach Essen.

Körperliche Aktivität bedeutet, dass Bewegung und körperliche Fitness eine sehr wichtige Rolle spielen.

Ruhe meint die Sehnsucht nach Entspannung und emotionaler Sicherheit.

Self-Hugging vergiftet Beziehungen

Vor allem die Selbstbezogenheit – Reiss spricht dabei von »Self-Hugging« – vergiftet das Miteinander: Wir wollen im Alltagskampf eigentlich nicht begreifen, dass andere Menschen auch andere Motive, Interessen und Wünsche haben als wir selbst. Jeder Mensch hat eine natürliche Tendenz, andere durch die

Brille seiner eigenen Motive, Interessen und Wünsche wahrzunehmen – und ihre eigentlichen Bedürfnisse entsprechend misszuverstehen. Beim Self-Hugging unterscheidet man drei Aspekte, die im Alltag meist zusammenwirken: **Selbstillusion, Misunderstanding** und **Everday-Tyranny.**

Selbstillusion: Ich bin der Maßstab

Selbstillusion verweist also darauf, dass jeder Einzelne von uns wie selbstverständlich davon ausgeht, dass er selbst die besten, vernünftigsten, edelsten Werte und Motive hat und dass diese auch für andere gelten müssen.

Vom Intellekt her wissen wir zwar, dass wir alle unterschiedliche Werte und Ziele besitzen, aber im Grunde genommen begreifen wir nicht, wie es sein kann, dass andere nicht genauso denken wie wir. Ihre andersartige Individualität trennt die Menschen gewissermaßen wie eine Mauer: Immer wenn zwei Menschen einem Wert sehr unterschiedliche Prioritäten zuordnen, können sie kaum verstehen, warum der andere anders denkt, fühlt und handelt. Je mehr man aber in solcher Selbstbetrachtung verhaftet ist, desto größer wird die Gefahr, eigene Motive – »Was für mich richtig und gut ist, ist es auch für andere« – auf Partner, Freunde oder Kollegen zu projizieren. Krisen sind somit vorprogrammiert und fressen Ressourcen und Kreativität förmlich auf.

Misunderstanding erzeugt Konfusion

Man will nicht wahrhaben, dass andere wirklich anders denken, fühlen und sich verhalten. Für viele Menschen ist es schwer zu verstehen und noch schwerer zu akzeptieren, warum zum Beispiel Workaholics so viel Zeit mit ihrem Job verbringen. Das erzeugt Konfusionen. Während beispielsweise Ehrgeizige sich selbst als erfolgsorientiert, stark und kraftvoll sehen, halten weniger Ehrgeizige sie für Wichtigtuer, Hektiker und Neurotiker. Nichtehrgeizige sehen sich selbst eher als sozial und an ihren Mitmenschen orientiert, während Ehrgeizige sie als erfolglos und faul kritisieren.

Everyday-Tyranny arbeitet mit Druck

Druck wird ausgeübt, um die anderen »hinzubiegen« oder zu überzeugen, doch endlich ihre »falschen« Lebensprämissen aufzugeben. Ob Eltern die Studienwünsche ihres Kindes, Vorgesetzte die Arbeitsweise ihrer Mitarbeiter oder Teammitglieder den Arbeitsstil eines Kollegen nicht akzeptieren wollen, früher oder später endet dies in einem Eklat.

Die durch Selbstbezogenheit entstehenden kommunikativen Missverständnisse sind nach Steven Reiss immer wechselseitig. Wenn beispielsweise ehrgeizige Vorgesetzte und weniger engagierte Mitarbeiter, wenn extrem Wissbegierige mit weniger Wissensdurstigen, wenn Statusbewusste mit Statusgleichgültigen zusammentreffen, werden sie Schwierigkeiten miteinander haben.

Weil diese Denk- und Verhaltensweisen so weit verbreitet sind und weil sie einen selbst und andere früher oder später unglücklich machen, sollte sich jeder Mensch prüfen, wie sehr er andere Motive und Werte wirklich anerkennt und toleriert.

Unterschiedliche Motivationsprofile belasten vor allem unsere Beziehungen zu unseren Mitmenschen. Es ist daher auch aus dieser Sicht sinnvoll, die Kompatibilität und wechselseitige »Verträglichkeit« von existenziell wichtigen Motiven zu klären.

Lebensmotive als Führungs- und Partnerschaftsinstrumente

Dass jeder Mensch ein charakteristisches Motiv-Profil besitzt, zeigt der von Steven Reiss entwickelte Persönlichkeitstest. Rein statistisch kann das Reiss-Profil zwei Milliarden unterschiedliche Motivstrukturen abbilden. (Der umfangreiche Original-Reiss-Profil-Test in deutscher Sprache kann bei den Autoren angefordert werden oder unter *www.reiss-profil.de* im Internet ausgewertet werden.)

Das Motiv-Profil eines Menschen bleibt nach Reiss' Untersuchungen im Verlauf seines Lebens äußerst stabil. Einschneidende Lebenserfahrungen oder Entwicklungsprozesse können zwar zu Veränderungen führen, unser Grundprofil aber charakterisiert unsere Persönlichkeit im Allgemeinen dauerhaft: So werden neugierige Kinder auch als Jugendliche und Erwachsene offen und interessiert durch das Leben gehen. Heranwachsende, die gerne planen und organisieren, werden dies auch als Erwachsene tun. Und Menschen mit einer ausgeprägten Lust am Essen werden sich wohl lebenslang mit Gewichtsproblemen plagen.

Wollen wir wissen, ob unsere Ziele tatsächlich »Bauchziele« sind, also intrinsisch unterstützt werden, müssen wir unser eigenes Motiv-Profil kennen. Auf Seite 131 ff. können Sie Ihr persönliches Motiv-Profil erstellen.

Vierte Rubicon-Qualität Caesars:
INTELLIGENZ

Setzt man voraus, dass Intelligenz eine entscheidende Voraussetzung für Erfolg ist, dann muss Caesar selbstverständlich intelligent gewesen sein. Was denn sonst?

Aber worin lag denn eigentlich Caesars Erfolg? Hier sind sich weder die Historiker noch seine Zeitgenossen einig. War das Wesentliche, was Caesar geschaffen hat, eine staatsmännische Leistung? Verfügte er also über so etwas wie eine »staatsmännische« oder »politische Intelligenz«? (Eine Intelligenz übrigens, an die Howard Gardner in dieser Form nicht gedacht hat, und eine Intelligenz, unbeschadet der möglichen Einschätzung, dass so genannte Staatsmänner eine eher unintelligente Negativauswahl von Ellenbogenmenschen darstellen.) Oder war Caesar eher ein militärisches Genie, besaß also »strategische Intelligenz«? Oder war – wie viele meinen, und unter anderem auch, in literarische Form gegossen, Bert Brecht – Caesar vor allem ein raffinierter Geschäftsmann, stets schwankend zwischen Bankrott und märchenhaftem Profit. Besaß er also eher eine »geschäftlich-merkantile Intelligenz«?

So wie die Dinge sich darstellen, musste jemand wie Caesar sicher eine ganze Reihe von »Intelligenzen« auf sich vereinigen. Caesar passt eben in keine Schublade. Er war eine schillernde Figur: mal offenherzig und ehrlich, mal raffiniert, tückisch und verlogen; mal großzügig seinen Feinden verzeihend, mal rachsüchtig und grausam;

mal weit vorausschauend und detailliert planend, mal spontan und fast spielerisch. Die Intelligenz Caesars ist wie ein sich ständig verändernder Schwerpunkt in einem Kraftfeld mit sehr vielen und ähnlich stark ausgeprägten Faktoren. Geschäftsmann, Politiker, Feldherr und Schriftsteller, großzügiger und warmherziger Freund, aber auch eiskalter Feind.

Die Reihe seiner charakterlichen Gegensätze ist beliebig fortzusetzen. Caesars Stärke war eben seine Vielseitigkeit. Die in ihr liegende Tendenz zu gelegentlicher Widersprüchlichkeit war es, die es seinen Gegnern so schwer machte, Caesar einzuschätzen, seine Handlungen im Voraus zu kalkulieren.

Geht man davon aus, dass jegliche Intelligenz an die Faktoren Begabung, Erziehung und Erfahrung (BEE) geknüpft ist, so konnte Caesar sicher aus dem Vollen schöpfen: Seine Familie hatte das Potenzial politischer Begabung, und Caesar lag der Kampf in der politischen Arena gewissermaßen im Blut. Und zwar gerade der Kampf, denn Caesars Familie war besonders väterlicherseits keineswegs saturiert, obwohl sie seit Jahrhunderten zur höchsten sozialen und politischen Klasse Roms, der Nobilität, dem »Uradel« der Stadt gehörte.

Da sich das Ansehen innerhalb der Nobilität auch nach der politischen Leistung für das Gemeinwesen bemaß, war zu Caesars Zeit das Geschlecht der Julier in die zweite oder gar dritte Reihe gerückt, denn Consuln hatten sie seit zweihundert Jahren nur zwei Mal gestellt. Das letzte Mal 157 v. Chr. Umgekehrt standen die Dinge bei der Familie von Caesars Mutter: Die Aurelii Cottae waren zwar plebejischen Ursprungs und erst seit anderthalb Jahrhunderten in die Nobilität aufgestiegen. Sie hatten jedoch in dieser kurzen Zeit immerhin vier Consuln hervorgebracht.

Politische Intelligenz auf der Basis entsprechender Begabung und der Ehrgeiz des Wieder-dorthin-Wollens, wo der
angestammte Platz seines Geschlechts war, nämlich an die
Spitze des Gemeinwesens – das war Caesar in hohem Maße
gleichsam in die Wiege gelegt worden.

Praxisaufgabe: Mein persönliches Motiv-Profil

Lernen Sie nun Ihr persönliches Motiv-Profil kennen. Diese Fassung des Reiss-Profils ist eine von Steven Reiss in Zusammenarbeit mit den Autoren entwickelte Kurzform. Der vollständige
Test – das »Reiss Profile of Fundamental Goals and Motivational
Sensitivities« – ist rechtlich geschützt.

Wir weisen darauf hin, dass die Kurzform zwar auf wissenschaftlichen Grundlagen beruht und von Steven Reiss autorisiert
wurde. Da sie aber nur 43 Millionen unterschiedliche Profile erfassen kann, der Originaltest dagegen über zwei Milliarden, ist
sie nicht so differenziert. Sie dient ausschließlich dazu, dass sich
der interessierte Leser einen *qualitativen,* orientierenden Überblick über sein Motiv-Profil verschaffen kann.

Durchführung

Um Ihr persönliches Motiv-, Interessens- und Werteprofil zu bestimmen, überprüfen Sie bei allen 16 Lebensmotiven, ob sie
wichtig (+) oder unwichtig (–) für Sie sind. Um Ihren Wert +/–
zu bestimmen, genügt es, wenn eine der Aussagen im Allgemeinen auf Sie zutrifft. Ziehen Sie dabei Vergleiche zu Menschen
Ihres Alters. Wenn keine der Aussagen Ihr Verhalten richtig beschreibt oder wenn manchmal das eine, manchmal das andere
stimmt, dann tragen Sie den Wert 0 ein.

Es gibt keine richtigen oder falschen Antworten. Um sich ein möglichst genaues Bild von Ihren lebensbestimmenden Antrieben und Werten zu verschaffen, müssen Sie die Fragen nur ehrlich beantworten.

1. Macht (MA)
+ 1. Ich bin ehrgeizig und karrierebewusst.
  2. Gewöhnlich übernehme ich das Kommando.
– 1. Ich bin nicht ehrgeizig oder karrierebewusst.
  2. Im Allgemeinen ordne ich mich eher unter.
0   sowohl als auch/weder noch

IHR MA-WERT: __

2. Unabhängigkeit (UN)
+ 1. Selbst ist der Mann/die Frau!
  2. Auf Ratschläge kann ich meist verzichten.
– 1. Ich bin stark an meinen Partner gebunden.
  2. Ich bin nicht gerne allein.
0   sowohl als auch/weder noch

IHR UN-WERT: __

3. Neugier (NE)
+ 1. Ich bin wissensdurstig und stelle viele Fragen.
  2. Ich denke oft darüber nach, was Wahrheit ist.
– 1. Ich stelle nur selten Fragen.
  2. Intellektuelle Betätigungen reizen mich nicht.
0   sowohl als auch/weder noch

IHR NE-WERT: __

4. Anerkennung (AN)
+ 1. Ich mag es nicht, wenn man mich kritisiert.
  2. Ich gebe schnell auf.
– 1. Mit Kritik kann ich gut umgehen.
  2. Ich habe großes Selbstvertrauen.
0   sowohl als auch/weder noch

IHR AN-WERT: __

5. Ordnung (OR)

+ 1. Ich habe einen ausgesprochenen Hang zur Ordnung und räume gerne auf.
  2. Ich halte mich konsequent an Regeln.
− 1. Ordnung – was ist das?
  2. Ich plane überhaupt nicht gerne.
0   sowohl als auch/weder noch

IHR OR-WERT: __

6. Sparen (SP)

+ 1. Ich bin ein typischer Sammler.
  2. Viele halten mich für einen Geizkragen.
− 1. Ich bin großzügig.
  2. Ein Sammler und Sparer war ich noch nie.
0   sowohl als auch/weder noch

IHR SP-WERT: __

7. Ehre (EH)

+ 1. Ich bin als prinzipientreuer Mensch bekannt.
  2. Man schätzt meine Loyalität.
− 1. Jeder muss selbst schauen, wo er bleibt.
  2. Moralische Fragen interessieren mich nicht.
0   sowohl als auch/weder noch

IHR EH-WERT: __

8. Idealismus (ID)

+ 1. Für einen guten Zweck bringe ich auch persönliche Opfer.
  2. Ich spende Geld oder betätige mich ehrenamtlich.
− 1. Gesellschaftliche Fragen interessieren mich nicht.
  2. Soziales Engagement bringt (mir) nichts.
0   sowohl als auch/weder noch

IHR ID-WERT: __

9. Beziehungen (BE)

+ 1. In der Gesellschaft anderer Menschen fühle ich mich glücklich.
  2. Ich bin als lebenslustiger Zeitgenosse bekannt.
− 1. Ich lasse nur meine Familie und einige enge Freunde an mich heran.
  2. Ich lebe eher zurückgezogen.
0   sowohl als auch/weder noch

IHR BE-WERT: __

10. Familie (FA)

+ 1. Kinder zu erziehen macht mich glücklich.
  2. Ich verbringe viel Zeit mit meinen Kindern.
− 1. Meine Elternrolle empfinde ich meist als belastend.
  2. Ich bin kein Familienmensch.
0   sowohl als auch/weder noch

IHR FA-WERT: __

11. Status (ST)

+ 1. Ich mag Luxus.
  2. Ich beeindrucke andere gern mit dem, was ich besitze.
− 1. Die Reichen und die Schönen sind mir völlig egal.
  2. Was andere von mir denken, interessiert mich nicht.
0   sowohl als auch/weder noch

IHR ST-WERT: __

12. Rache (RA)

+ 1. Ich neige zu Wutausbrüchen und bin oft aggressiv.
  2. Ich habe ein ausgeprägtes Konkurrenzdenken und hege häufig Rachegefühle.
− 1. Ich werde viel seltener wütend als andere und setze mich kaum zur Wehr.
  2. Konkurrenzsituationen sind mir verhasst.
0   sowohl als auch/weder noch

IHR RA-WERT: __

13. Eros (ER)

+ 1. Ich hatte viele verschiedene Sexualpartner in meinem Leben.

  2. Ich bin ein ausgesprochener Romantiker und habe einen besonderen Sinn für das Schöne.

− 1. Sexualität spielt bei mir eine untergeordnete Rolle.

  2. Das Schöne ist mir völlig gleichgültig.

0   sowohl als auch/weder noch

IHR ER-WERT: __

14. Essen (ES)

+ 1. Essen ist ein wahres Lebenselixier!

  2. Ich halte häufig Diät.

− 1. Ich esse eigentlich nie mehr, als mir gut tut.

  2. Ich hatte noch nie größere Gewichtsprobleme.

0   sowohl als auch/weder noch

IHR ES-WERT: __

15. Körperliche Aktivität (KA)

+ 1. Ich habe mich schon immer körperlich betätigt.

  2. Sport zu treiben macht mich glücklich.

− 1. Ich war schon immer etwas träge.

  2. Ein faules Leben ist ein schönes Leben.

0   sowohl als auch/weder noch

IHR KA-WERT: __

16. Ruhe (RU)

+ 1. Ich bin meist schüchtern oder furchtsam und gerate leicht in Panik

  2. Es ängstigt mich, wenn meine Knie zittern/mein Herz klopft, und es ist mir peinlich, wenn mein Magen knurrt.

− 1. Ich bin weniger sensibel als viele andere.

  2. Ich bin mutig und unerschrocken.

0   sowohl als auch/weder noch

IHR RU-WERT: __

Auswertung: Ihr persönliches Motivationsprofil

Tragen Sie nun Ihre Werte (+ oder − oder 0) in das Diagramm ein, und verbinden Sie die Markierungen zu Ihrem persönlichen Motiv-Profil.

Ihr persönliches Motiv-Profil

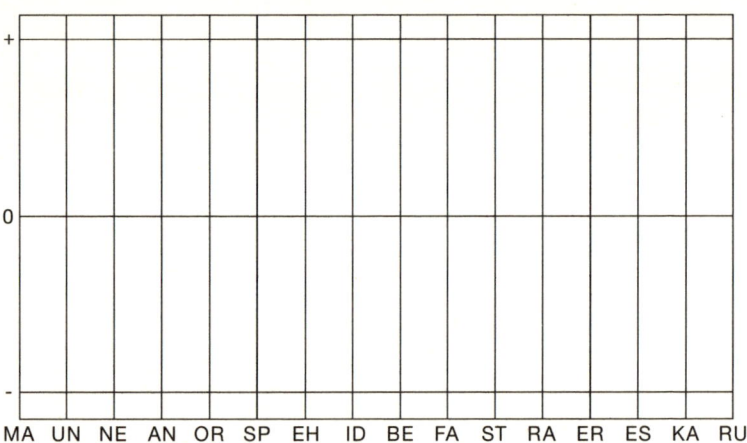

Beantworten Sie − wenn Ihr persönliches Motiv-Profil nun vor Ihnen liegt − folgende Fragen. Nehmen Sie sich Zeit dafür und formulieren Sie die Antworten schriftlich:

1. Machen Sie sich bewusst, durch welche Interessen, Bedürfnisse und Werte Ihre Persönlichkeit geprägt ist: Was sind die wirklich wichtigen Bereiche in Ihrem Leben?

_____

_____

_____

_____

_____

_____

_____

_____

_____

_____

_____

2. Was sind die schwach ausgeprägten Bereiche in Ihrem Leben?

_____

_____

_____

_____

_____

_____

_____

_____

_____

Praxisaufgabe: Werden meine persönlichen Lebensziele intrinsisch unterstützt?

Nachdem Sie sich nun ein klares Bild über Ihr persönliches Motiv-Profil verschafft haben, können Sie überprüfen, ob Ihre herausgearbeiteten Ziele durch Ihre Lebensmotive angetrieben werden. In diesem Fall benötigen Sie vermutlich keine zusätzliche Willensanstrengung. Werden Sie weniger oder nur in Teilbereichen intrinsisch durch den Bauch unterstützt, müssen Sie den Weg über die Rubicon-Brücken wählen.

Überprüfen Sie also nun, ob Ihre formulierten Ziele durch das von Ihnen festgestellte Motiv-Profil intrinsisch unterstützt oder nicht unterstützt werden.

Ziel	Kurzbezeichnung intrinsisch unterstützt			
	stark	weniger stark	mäßig	gar nicht
1.				
2.				
3.				
4.				
5.				
6.				

Ziele, die nicht intrinsisch unterstützt werden, also keine B-Ziele sind, bedürfen vermutlich näherer Aufmerksamkeit. Stellen Sie sich dazu bitte folgende Frage:
Wie kann ich meine Ziele näher an meine intrinsischen Motive heranrücken?

(Beispiel: Ich habe einen niedrigen Ordnungswert, aber einen hohen Beziehungswert. Sofern mein Ziel nun stark mit Ordnungskriterien zusammenhängt, kann ich die motivationale Antriebslage zugunsten größerer Handlungs- und Erledigungskonsequenz erhöhen, indem ich andere Menschen in die Zielverwirklichung integriere oder einbinde.)

_____

_____

_____

_____

_____

_____

_____

_____

Fünfte Rubicon-Qualität Caesars:
CREATIVITÄT

Wenn man Creativität als den Mut beschreibt, etwas Neues zu beginnen, beziehungsweise etwas Bekanntes auf ganz andere als die herkömmliche Weise zu erreichen, dann war Caesar in vielfältiger Weise kreativ. Caesar stellte vieles in Frage, und dies von Jugend an. Entsprach seine Erziehung im Wesentlichen noch dem in Rom für einen jungen Patriziersohn Üblichen, so ging er schon bei seiner Ausbildung neue Wege. Er suchte die Herausforderung einer Rhetorik- und Philosophieschulung in Griechenland.

Auch sein Einstieg in die politische Laufbahn über die »Priesterschiene« als Pontifex maximus war zumindest ungewöhnlich. Caesar suchte geradezu und fand zumeist eine Außenseiterrolle. Er wollte sich nicht anpassen, war zwar kein Einzelgänger – das konnte er bei seinen ehrgeizigen Zielen auch nicht sein –, aber er war auf eine ganz eigentümliche Art »besonders«. Seine Zeitgenossen haben das früh bemerkt und man traute ihm nicht so recht.

Indem Caesar stets bereit war, die eingefahrenen Wege zu verlassen, musste er immer mit den Ängsten derer rechnen, die spürten, dass die politischen Strukturen des römischen Reiches trotz – oder gerade wegen – des grandiosen Machtzuwachses der letzten hundert Jahre sehr instabil geworden waren. Und die Antwort der Ängstlichen auf die instabile Lage war: Wir wollen um Himmels willen alles beim Alten lassen und nichts verändern!

> Ein Teil von Caesars Creativität bestand eben darin, dass er überkommene Strukturen, wie zum Beispiel die politisch unbeweglich gewordene Senatsherrschaft, infrage stellte. Ihm sei nichts »heilig«, so zeterten seine Gegner, wenn Caesar wieder einmal »gegen den Strich« dachte und alles anders machte, als es seine Gegner – oft auch viele seiner Freunde – erwarteten. Caesar war – modern ausgedrückt – ein »Querdenker«.

Flow: Der fliegende Teppich über den Rubicon und was auf dem Weg zum Flow-Erleben wichtig ist

> »Wie ein Bad in Honig«
> Woody Allen über das Glück,
> das ihm seine Klarinette schenkt

Dritter Rubicon-Grundsatz: Versuche dein Leben und Streben so zu gestalten, dass du möglichst viel Zeit und Energie in Einklang mit deinem Motiv-Profil verbringst.
Grundfrage: Kann ich das Entstehen von Flow selbst beeinflussen?

Flow – das ist das Geheimnis alltäglichen Glücks. Sagen Psychologen.

Was ist Flow?

»Ich wurde von einer Welle getragen«, begeistert sich ein Tänzer über das ganz besondere Glück, »es war, als ob ich schwebte.« – »Du fühlst dich großartig«, beschreibt ein Sportler die magische Glückssphäre, »du befindest dich auf dem Gipfel der Welt, und niemand und nichts bringt dich da weg.«

So oder tausendfach ähnlich haben Menschen in den letzten 25 Jahren dem Psychologen Mihaly Csikszentmihalyi ihre höchsten Glücksmomente beschrieben: den Flow. Worin liegt das Geheimnis dieser erfüllten, euphorischen Momente?

Die Flow-Erfahrung: Die sieben Elemente des Glücks

Csikszentmihalyi lehrte schon Psychologie an der Universität Chicago, als er sich Anfang der 70er Jahre bewusst wurde, dass die Wissenschaft die Frage nicht beantworten konnte, wie sich glückliche Menschen von Unglücklichen unterscheiden: Was bedeutet ein von wirklichem Glück erfüllter Augenblick genau? Wie wird er erlebt? Gibt es bestimmte Erlebnismuster?

Der Professor ungarischer Herkunft befragte zuerst Bergsteiger und Maler, weil er von deren Hingabe an ihre Tätigkeit besonders fasziniert war. Er fand eine Antwort, die sich bis heute nicht wesentlich verändert hat: Das höchste Glück ist der Zustand, in dem alles, was man tut, wie durch Zauberhand völlig reibungslos fließt, in dem man so in seine Tätigkeit versunken ist, dass man alles um sich herum ausblendet – wer im Flow aufgeht, vergisst gewissermaßen die Zeit und wird eins mit seinem Tun.

Csikszentmihalyi definierte Flow als das »gänzliche Aufgehen in einer glatt laufenden Tätigkeit, die man trotz hoher Anforderungen unter Kontrolle hat«.

Der Flow ist ein von äußeren Faktoren unabhängiger Seins- und Glückszustand, genau jener wunderbare faustische Augenblick, in dem wir völlig in der Sache aufgehen, jedes Zeitgefühl verlieren, nur im Hier und Jetzt leben – und zudem ungeahnte Leistungen bringen. Man wird »überflutet« von einer Hochstimmung und einem Glück, das uns ein Gefühl dafür gibt, wie das Leben eigentlich aussehen sollte.

Wenn Denken und Tun zusammenfallen, wenn man vom Augenblick der jeweiligen Tätigkeit völlig absorbiert und alles um einen herum ausgeblendet wird, erleben Menschen Flow: »Ich lasse mich selbst los«, beschreibt der frühere Formel-1-Weltmeister Ayerton Senna, wie sich bei ihm die Grenzen zwischen Wahrnehmung und Sein auflösen, »alles Denken, Denken, Denken hört auf, alles fließt ganz natürlich ineinander.« Ein Sportler erlebte Flow »wie das Atmen – ein Hauch von Magie« und ein Motorradfahrer verschmolz im Wortsinne »wie ein Fleisch« mit seiner Handlung.

Hier eine beliebige Auswahl weiterer individueller Bezeichnungen aus den Flow-Protokollen: entrückt, wie ferngesteuert, schwerelos, schwebend, alles passt zusammen, völlige Hingabe, absolutes Wohlbehagen, in sich versunken, alles klappt. Manager kennen den besonderen Glückszustand auch als »the zone«, Mystiker sprechen von »Ekstase« und Künstler von der »ästhetischen Verzückung«.

Der Glücksforscher gab diesen einzigartigen, oft euphorischen Erlebnissen mit der Metapher des Flow – »Fließen« oder »Strömen« – einen kategorialen, begrifflichen Rahmen: Man fließt mit seinen Handlungen wie ein Strom – im Flow sind wir das, was wir tun. Der Flow ist für Csikszentmihalyi »Glück pur«: Er ist das eigentliche Geheimnis menschlicher Glückserfahrungen.

In den folgenden Jahren und Jahrzehnten untersuchten Csikszentmihalyi und internationale Forschergruppen die persönlichen und situativen Bedingungen der Flow-Erfahrungen mit tausenden von Menschen aus unterschiedlichsten Umfeldern: Arbeitern und Akademikern, Frauen und Männern, Kindern und Alten, Bauern und Künstlern, Fabrikarbeitern und Chirurgen, Schachspielern und Sportlern aller Disziplinen. Flow, so die wichtigste Erkenntnis der Forschung, können alle Menschen empfinden: unabhängig von ihrer Kultur und Herkunft, unabhängig von der Aufgabe oder der Situation, im Beruf, in der Familie oder Freizeit, am Fließband oder mit dem Fallschirm, am Schachbrett oder auf dem Bauernhof.

Allerdings muss man seine Sache beherrschen: Um Flow zu

erfahren, muss das Können der Herausforderung entsprechen, muss man konzentriert auf ein Ziel hinarbeiten, ständig Rückmeldungen über den Lauf der Dinge erhalten und die Aufgabe meistern. Die Kunst liegt darin, sich zu fordern ohne sich zu überfordern – viele Sportler nennen diesen Zustand »an die eigene Grenze gehen«.

Im Detail definierte Csikszentmihalyi sieben charakteristische Aspekte für das Glücksphänomen des Flow:

1. Herausforderungen: Wir können Flow nur erleben, wenn wir einer Aufgabe gewachsen sind – dennoch müssen wir dabei oft an die Grenzen unseres Könnens gehen oder über uns hinauswachsen.

2. Handeln und Bewusstsein sind eins: Der Handlungsablauf wird als glatt erlebt – jeder Schritt geht »fließend« in den nächsten über.

3. Klare Ziele und Rückmeldungen: Anforderungen und das Handlungs-Feedback werden eindeutig und interpretationsfrei erfahren. Ohne bewusst darüber nachzudenken, weiß man immer, was zu tun ist.

Sind Ziele und Rückmeldungen undeutlich oder missverständlich, dann werden Konzentration, Denken und Fühlen abgelenkt und der Flow gewissermaßen »gebrochen«.

4. Kontrolle: Man fühlt sich optimal beansprucht und hat auch bei hohen Anforderungen das sichere Gefühl, das Geschehen zu gestalten.

5. Konzentration: Alle Gedanken, die nicht unmittelbar auf die Ausführung gerichtet sind, werden ausgeblendet. Um in den Flow zu kommen, muss man sich sehr bewusst und ausschließlich seiner Sache widmen – im Flow-Erleben aber ist keine willentliche Konzentration mehr nötig: Sie kommt – gleichsam wie die Atmung – von selbst.

6. Veränderung der Zeit: Das Zeiterleben im Flow verändert sich gegenüber dem Alltag radikal – man vergisst die Zeit buchstäblich, Stunden vergehen wie Minuten.

7. Selbstvergessenheit: Man geht völlig in der Tätigkeit auf — das eigene Selbst und die Handlung verschmelzen, Reflexivität und Ich-Bewusstsein spielen keine Rolle mehr.

Flow können Sie prinzipiell also nur erleben, wenn
- Ihre Konzentration und Ihre Aufmerksamkeit ungeteilt auf die Handlungssituation gerichtet sind.
- Sie ein unmittelbares, eindeutiges Feedback für Ihre Handlungen bekommen.
- Sie sich kompetent fühlen, kompetent sind und Kontrolle über die Situation ausüben.
- Ihre Fähigkeiten den Anforderungen optimal gerecht werden — und Sie weder unterfordert noch überfordert sind.
- die Tätigkeit auf dem Hintergrund Ihres Motiv-Profils intrinsisch angetrieben wird.

Praxisaufgabe: Mein persönlicher Flow

Machen Sie sich die vielen bisherigen »poetischen« Beschreibungen für Flow bewusst: schwerelos, schwebend, alles passt zusammen, völlige Hingabe, absolutes Wohlbehagen, in sich versunken und so weiter.

1. Sammeln Sie sich und schließen Sie die Augen, um nochmals völlig in eines jener Erlebnisse einzutauchen, in denen Sie selbst im Flow waren. Beschreiben Sie sich Ihren Flow — mündlich. Halten Sie Ihre Erfahrungen dann schriftlich fest.

_____

_____

_____

_____

_____

2. Reflektieren Sie Ihren Flow nochmals in allen sieben Aspekten und beschreiben Sie diese so genau wie möglich – mündlich und schriftlich.

_____

_____

_____

_____

_____

3. Lassen Sie nun noch einmal Ihre sechs wichtigen Ziele vor Ihrem inneren Auge auftauchen und überlegen Sie, wie diese Ziele nun realisiert werden können und welchen »Glücksanspruch« Sie haben.

Flow – Glücksweg zu höherem Bewusstsein?

Worin unterscheiden sich Menschen, die aufgeregt, nervös und hibbelig durch ihren Alltag gehen, von denjenigen, die ihre Dinge geregelt bekommen? Entweder, meint Csikszentmihalyi, verschwenden Menschen ihre psychischen Energien und nichts wird je richtig fertig. Oder sie schaffen etwas, bringen es zu Ende und schließen kleinere und größere »Gestalten« ihres Lebens – wie im Flow.

Csikszentmihalyi meinte zwar, dass die Metapher des Flow, des »Fließens« und »Strömens«, der Erlebnisfülle dieses besonderen Glücks gerecht wird. Dem Wissenschaftler und Psychologen aber war dies zu wenig: Er suchte eine theoretische Erklärung, die über die rein beschreibende Phänomenologie hinausging, und eine Psychologie des Flow begründen konnte.

Warum ist Flow so motivierend? »Weil es Glück erzeugt«, ist keine Erklärung, sondern beschreibt einen Erlebniszusammenhang. Die Antwort fand der Flow-Forscher bewusstseins- und entwicklungspsychologisch.

Vergegenwärtigen wir uns nochmals ein typisches Flow-Erlebnis: »Deine Energie fließt leicht«, beschreibt ein Tänzer sein Glücksempfinden, »deine Gedanken wandern nicht herum, du denkst an nichts anderes. Du bist total in deinem Tun aufgegangen, in deinem Körper hast du ein gutes Gefühl, du fühlst dich entspannt und energiegeladen.«

In genauen Analysen solcher Aussagen erkannte der Flow-Forscher schließlich ein entscheidendes, übergeordnetes Bewusstseinsmuster: Flow als eine der höchsten Erlebnisformen unseres Lebens ist ein gegenüber dem sonstigen Alltagserleben *radikal veränderter* Bewusstseinszustand. »Beim Flow«, betont Csikszentmihalyi, »herrscht *Ordnung im Bewusstsein.*« – Wir erinnern uns: Die Aufmerksamkeit beim Flow muss *ungeteilt* sein, unser Bewusstsein darf von nichts anderem abgelenkt werden. »Jeder Flow«, lautet einer der Schlüsselsätze im Werk Csikszentmihalyis, »verändert das Selbst und macht es komplexer.«

Und diese einzigartige Bewusstseinsgestalt erklärt die besondere Motivation, Flow zu erleben: Man ist selbstbestimmt – eine »autotelische Persönlichkeit«, wie es Csikszentmihalyi formuliert –, da im Flow das kreative Handeln und »Einswerden mit der Aufgabe« als sinnvoll, positiv oder belohnend erlebt wird. Und nicht erst dessen Folgen wie beim rein zweckrationalen Tun, bei dem man, psychologisch betrachtet, außen- oder fremdbestimmt bleibt.

In der Flow-Forschung spielen daher die Konzepte der so genannten »psychischen Entropie« und »Negentropie« eine wesentliche Rolle: Während »Entropie« alle Zustände bezeichnet, in denen emotionale, körperliche und geistige Energien ineffizient umgesetzt oder vergeudet werden, sind sie in der Negentropie geordnet. Körper und Geist, Gedanken und Gefühle sind harmonisch: Wir schließen, schaffen und vollenden eine »Lebens-Gestalt«.

Im »entropischen« Alltag erleben die Menschen dagegen häufig ein ungeordnetes und konflikthaftes, vielleicht sogar »chaotisches« Bewusstsein. Der Angestellte etwa, der im Büro Akten bearbeiten muss, wird dies in aller Regel nicht mit ungeteilter Hingabe erledigen: Sein Bewusstsein wird mal zur Freundin schweifen, vielleicht ärgert er sich, dass er bei dem schönen Wetter nicht draußen sein und spazieren gehen kann, außerdem klingelt laufend das Telefon und so weiter.

Im Flow dagegen ist das Bewusstsein völlig konfliktfrei: Das Flow-Bewusstsein ist als ein Zustand vollständiger Konzentration das Gegenteil von psychischer, emotionaler oder gedanklicher Unordnung. Flow charakterisiert der Psychologe daher genauer als »Flusserleben eines wohl geordneten, voll funktionierenden dynamischen Bewusstseinszustandes«. Das geordnete Bewusstsein – oder »psychische Negentropie« – ist so gesehen die eigentliche *innere* Dimension des Flow.

Entwicklungspsychologisch erkannte Csikszentmihalyi, dass jedes »Eintauchen« in einen Flow zu einer *komplexeren Persönlichkeit* führt: »Nach jedem Flow wissen wir, dass wir uns verändert haben«, sagt der Psychologe, »dass das Selbst gewachsen ist und wir komplexer geworden sind.«

Csikszentmihalyi betont in allen seinen Arbeiten, wie sehr das *Wachstum des Selbst* als »Schlüssel jeder Flow-Aktivität« verstanden werden muss. Allen Flow-Erfahrungen sei unabhängig von den konkreten Aktivitäten und Situationen ein entscheidender Aspekt gemeinsam: das kreative Gefühl einer »Entdeckung«, das das Individuum in eine »andere Realität« versetzt, es zu höherer Leistung antreibt und zu einem »vorher ungeahnten Zustand des Bewusstseins« führt.

Die Psychologie des Flow gründet somit auf der Erkenntnis, dass Glück die Bereitschaft zu Anstrengung und Mühe voraussetzt. So steht am Anfang eines jeden Flow eigentlich immer harte Arbeit – wir müssen uns konzentrieren, meist unser ganzes Können und ein hohes Maß an psychischer, emotionaler oder körperlicher Disziplin und Kraft aufbringen. Jeder Hobbysportler weiß, dass das eigentliche Glück oder gar der Triumph nicht am Anfang seiner Leibesübung steht, sondern im Verlauf geschaffen wird und sich an deren Ende zeigt: »Das Glück«, fand schon Manès Sperber, »ist eine Überwindungsprämie.«

Csikszentmihalyi erkannte bei seinen Studien auch eine weitere elementare Motivation zum Flow: Wir »suchen« ihn, um der Langeweile oder der Angst zu entkommen. Flow kann sich nur entwickeln, wenn die subjektiv wahrgenommenen Anforderungen mit dem Können im Gleichgewicht stehen. Wenn die situativen Anforderungen das Können überfordern, entsteht Angst – wenn sie es dagegen unterfordern, erlebt man Langeweile.

Einer der wichtigsten Lehrsätze der Flow-Forschung lautet daher: Flow tritt nur in einem relativ schmalen Bereich zwischen Angst und Langeweile auf.

Sechste Rubicon-Qualität Caesars:
OPTIMISMUS

Wir hatten eingangs etwas über die Bedeutung von Omen gesagt. Ein Musterbeispiel für den Optimismus, mit dem Caesar Omen zu deuten oder auch erforderlichenfalls umzudeuten wusste, finden wir bei seiner Landung in Afrika im Jahre 46 v. Chr.

Caesar hatte vom Senat den Auftrag, Ägypten zu unterwerfen. Als seine Truppen vom Schiff an Land gingen, war es etwas stürmisch und die Laufplanke zwischen Schiff und Hafenkai lag recht unruhig. Da passierte Caesar etwas, das vor seinen abergläubischen Soldaten niemals hätte passieren dürfen: Er geriet auf der Laufplanke ins Schwanken, stolperte und fiel bäuchlings an Land. Dies musste ein böses Omen sein! Aber Caesar reagierte geistesgegenwärtig und deutete das unheilvolle Zeichen einfach um: »Teneo te Africam!« – »Ich nehme dich, Afrika!«, stand auf und genoss den Jubel seiner Truppen.

In ähnlicher Weise hat Caesar auch seinem Schritt über den Rubicon einen unverwechselbaren Stempel aufgedrückt. »Alea iacta est!« Es gibt kein Zurück mehr! Entschiedener Optimismus war Voraussetzung für dieses Vorgehen.

Stand nicht eine zahlenmäßig weit überlegene, doppelte Truppenstärke in Rom gegen ihn? War er es nicht, der uralte Regeln, feste Gesetze durchbrach und das Schicksal geradezu herausforderte?

Aber Caesars Optimismus war keineswegs schlicht und blind. Zwar stand die Mehrheit der Senatoren und ihrer Anhänger gegen ihn, aber er hatte auch Verbündete. Stets hatte er darauf geachtet – wenn auch mit beträchtlichem finanziellem Aufwand –, das römische Volk auf seine Seite zu ziehen. Er veranstaltete Spiele, ließ Geschenke und Geld verteilen und sicherte sich auf diese Weise eine starke Anhängerschaft.

Kennzeichnend für die politische und soziale Struktur des stadtrömischen Volkes war nämlich das Clientelsystem: Man scharte sich hinter einen politischen Führer, auf dessen Machtzuwachs und wirtschaftlichen Erfolg man vertrauen zu können glaubte. Die Clientel unterstützte ihren Patron in allen Situationen, bei denen »Massen« gefragt waren. Umgekehrt förderte der Patron die wirtschaftlichen Belange seiner Anhänger: durch direkte finanzielle Zuwendung, durch Landvergabe oder Ähnliches. Reste dieses Vorgehens halten sich als »Amigo-Strategie« hartnäckig bis in die heutige Zeit.

Handeln: Die Brücken über den Rubicon

Vierter Rubicon-Grundsatz: Suche die richtige Brücke – und geh rüber!
Grundfrage: Wie kann ich wichtige Ziele, zu denen ich nicht intrinsisch motiviert bin, trotzdem in Handlung umsetzen?

Es dürfte jedem vernünftigen Menschen klar sein, dass wir es nur schwerlich hinbekommen, unser Leben so zu gestalten, dass wir im Bereich der Schnittmenge von Kopf und Bauch permanenten Flow generieren und vor Glücksgefühlen nicht mehr laufen können. Zudem bleibt dabei auch die Frage, ob dies überhaupt wünschenswert wäre. Ist doch der Mensch, wie der große Philosoph Gregory Bateson es formulierte, ein komplementär gebundenes Lebewesen, das immer auch die andere Seite braucht, um das Leben überhaupt leben zu können. Nicht selten sind wir vermutlich gezwungen, auch Ziele zu verwirklichen, die nicht durch unsere spezifische Motivationsstruktur unterstützt werden: um den Lebensunterhalt zu sichern, um unangenehme Dinge abzustellen oder auch vielleicht nur, um die Erwartungen zu erfüllen, die in uns als Vater, Mutter, Mitarbeiter oder Chef gesetzt werden.

In diesem Kapitel möchten wir genau diese Situation näher betrachten, die vermutlich vielen Menschen nicht fremd ist. Was passiert, wenn Bauch und Kopf nicht zusammenarbeiten?

Stellen Sie sich dazu bitte Frau Susanne Müller vor.

Frau Müller ist eine sehr liebenswerte und ausgeglichene Persönlichkeit. Sie ist bereits in der Mitte ihres Lebens, hat vier Kinder, die drei älteren studieren bereits, der Jüngste lebt noch in ihrem Haushalt. Seit einigen Jahren arbeitet Frau Müller wieder in ihrem ursprünglichen Beruf als Sekretärin bei der Stadtverwaltung und der Job macht ihr Spaß. Frau Müller ist nur durchschnittlich an Sport interessiert, geht im Sommer schwimmen, fährt gelegentlich Rad, spielt ab und zu Badminton mit ihrem Mann und kämpft, seit sie sich erinnern kann, mit ihrem Gewicht. Sie ist nicht direkt korpulent, aber auch weit von ihrer Traumfigur entfernt.

Heute, es ist so gegen 14 Uhr, hat Frau Müller wieder einmal die Nase voll. Sie schmeckt den leckeren Grünkohl aus der vorzüglichen Firmenkantine noch nach, sitzt leicht ermüdet an ihrem Arbeitsplatz, die Hose zwickt, Völlegefühl hat sich eingestellt, und sie beschließt, ihr Leben grundlegend zu ändern. Sie erinnert sich noch sehr gut an den Bestseller der Diamonds, der vor Jahren einmal Anstoß für sie gewesen war, eine (allerdings wenig dauerhafte) Ernährungs- und Bewegungskontrolle durchzuführen, und ad hoc beschließt sie, ab sofort abends nach 18 Uhr nichts mehr zu essen. Wie gesagt, sie ist gerade satt, und solche Vorsätze fassen Menschen wie Frau Müller, die im Motiv-Profil einen hohen Wert bei Essen und Beziehung und einen niedrigen Wert bei körperlicher Aktivität haben, meistens, wenn sie satt sind. Aber Frau Müller ist zufrieden und überzeugt, dass sie eine richtige und zukunftsträchtige Entscheidung getroffen hat.

Heute kommt Frau Müller so gegen 17 Uhr nach Hause, der Junge ist im Ferienlager und ihr Mann Peter ist außergewöhnlicherweise bereits daheim. »Schön, dass du schon da bist. Wir müssen uns beeilen«, sagt ihr Mann, und Frau Müller fällt schlagartig ein, weshalb er heute schon so früh zu Hause ist. Sie sind ja gemeinsam um 19 Uhr bei der Familie Koch – Peters Chef – eingeladen.

Bei den Kochs (nomen est omen) findet sich Frau Müller vor einem riesigen Buffet mit allen Köstlichkeiten dieser Erde wieder. Zumindest kommt es ihr so vor. Was jetzt? Was ist mit ihrem Vorsatz? Ihre Bauchgefühle drängen sie in Richtung Buffet, ihr Kopf erinnert sie an ihren Vorsatz. Was, glauben Sie, passiert? Richtig! Frau Müller zögert kurz und dann erklärt ihr der ISH (der innere Schweinehund) überzeugend: »Das kannst du doch

deinen Gastgebern nicht antun!« oder »Einmal ist keinmal!«
oder »Iss halt nur wenig!«

Im Zwiespalt zwischen Kopf und Bauch gewinnt natürlich
wieder einmal der Bauch und Frau Müller beschließt, um den
Kopf zu beruhigen, morgen den ganzen Tag lang zu fasten und
ist im Moment auch vollkommen davon überzeugt, das auch
gnadenlos durchzuziehen. Sekunden später sieht man sie mit
zwei Tellern bewaffnet und nicht zum letzten Mal in die
Schlacht am kalten Buffet ziehen – schließlich hat sie seit fünf
Stunden nichts mehr gegessen!

Am nächsten Morgen wird Frau Müller wach und sofort muss
sie an ihren Vorsatz denken. Das Thema Essen geht ihr nun für
den Rest des Tages nicht mehr aus dem Kopf. Auf dem Weg zur
Arbeit ist der ISH auch schon wieder für sie aktiv und spielt ihr
die Erinnerung an einen Artikel in der Zeitung zu, in dem von
einer Frau ihres Alters die Rede war, die mit einem Kollaps im
Büro zusammengebrochen war – weil sie seit Tagen nichts gegessen hatte.

Kann sie sich das überhaupt erlauben? Ist es nicht unverant-
wortlich, was sie da vorhat. Nichts essen – den ganzen Tag?
Stunden später weicht Frau Müller, unterstützt durch den ISH,
ihren Fastenvorsatz bereits auf und isst – mit dem Argument,
»gesund und wenig Kalorien« – einen Jogurt und zwei Äpfel,
was zwangsweise ihren Magen öffnet und ihre Aufmerksamkeit
auf das schmackhafte mittägliche Essen in der Kantine richtet.

Überraschenderweise bekommt Frau Müller so gegen halb
zwölf eine Einladung zum Mittagessen, die sie unmöglich – aus
Karrieregründen – ablehnen kann. Böse Zungen würden behaupten, dass diese Einladung durch einen Anruf von Frau
Müller ausgelöst wurde – aber lassen wir diesen Teil im Dun-
keln. Frau Müller steht nun vor der Aufgabe, ihren Verstand zu
besänftigen und beschließt, um die Schuldgefühle etwas zu
dämpfen, nur einen Salat zu essen und am Abend schwimmen
zu gehen. Wie sich dem heimlichen Beobachter später er-

schließen konnte, wurde es ein italienischer Chefsalat mit Hühnchenbrust, Käse, Eiern und Schinken und nebenbei – schließlich geht sie ja abends schwimmen – wurde auch das Tiramisu zum Dessert verschämt vernichtet.

Auf dem Nachhauseweg fällt Frau Müller alles ein, was mit Schwimmen im Hallenbad zu tun hat. (Frau Müller ist noch in der Realitätsphase, wo die Aufmerksamkeit vorwiegend das Negative addiert.) Lautes Kindergeschrei, Chlor in den Augen, ihre Figur im Badeanzug, ihr Gesicht mit Bademütze und letztlich auch noch Fußpilz. Damit ist der Weg frei für eine neue Entscheidung, und Frau Müller fällt glücklicherweise ein, dass heute Abend ja im Fernsehen live über ihre Stadt berichtet wird und sie auf keinen Fall diesen Beitrag – schon aus beruflicher Sicht – versäumen darf.

Kennen Sie eine solche oder ähnliche Situation? Frau Müller hat innerhalb von vierundzwanzig Stunden mehrfach gegen ihre eigenen Vorsätze verstoßen und fühlt sich noch nicht einmal schlecht dabei. Ihrem selbst formulierten Ziel hat sie sich mit keinem Schritt angenähert. Wie kommt das?

Die Vermutung liegt nahe, dass viele Menschen nicht die nötige Durchsetzungskraft aufbringen, um Handlungsabsichten gegen innere Widerstände durchzusetzen. Anscheinend haben sie auch keine Schwierigkeiten, vor sich selbst »das Gesicht zu verlieren« und kurzfristig die eigene Zielsetzung umzuformulieren oder einfache und leicht zu durchschauende Entschuldigungen zu akzeptieren.

Um aufzuzeigen, wie hilfreich bereits einfache Handlungsstrategien sein können, reicht es sich vorzustellen, dass Frau Müller im Laufe des Vormittags Frau Meier trifft und sich mit Frau Meier für 19 Uhr zum gemeinsamen Schwimmen verabredet. Es mag nun sein, dass beide auf dem Nachhauseweg, unabhängig voneinander, den Moment verfluchen, in dem ihnen »der Teufel« geflüstert hat, sich zum Schwimmen zu verabreden, aber die Wahrscheinlichkeit, dass sie tatsächlich zum verabredeten Zeitpunkt mit dem Handtuch unterm Arm auftauchen, dürfte um ein Vielfaches größer sein. Und wie fühlen sich beide, wenn sie aus dem Schwimmbad nach Hause fahren? Hervorragend! Warum? Nun, nicht nur weil sie schwimmen waren, nein, hauptsächlich weil sie eine erfolgreiche Strategie angewandt haben, um den inneren Schweinehund zu überlisten. Deshalb spricht die Handlungsforschung bei den so genannten Willensstrategien, also unseren Brücken über den Rubicon, auch von »Selbstüberlistung«.

Verschiedene Strategien können dazu beitragen, dass unsere Ziele trotz Unlust oder gegen Widerstände umgesetzt werden. Wie sehen nun diese Brücken aus, die uns den Rubicon überschreiten und uns willensorientiert handeln lassen?

In Anlehnung an die Willens- und Handlungsforschung haben wir jeder Brücke einen Namen gegeben. Die wichtigste ist die Seufzerbrücke.

1. Die Erkenntnisbrücke (Intelligenz)
Suche nach den Ursachen für das Motivationsdefizit oder die Handlungsblockaden

2. Die Focusbrücke (Organisationsfähigkeit)
Fokussieren der Aufmerksamkeit auf handlungsrelevante Merkmale; Ausblendung störender Reizbedingungen oder unerwünschter Verhaltensimpulse

3. Die Kooperationsbrücke (Beziehungskompetenz)
Aufsuchen einer anderen Umgebung oder aktiver Eingriff in die eigene Umgebung mit dem Ziel, durch Kooperation die eigenen Schwächen zu kompensieren

4. Die Seufzerbrücke (Optimismus)
Unterdrückung unerwünschter Emotionen, Herstellung einer zielförderlichen Emotionslage

5. Die Entspannungsbrücke (Ueberzeugungskraft)

Erregungskontrolle, Ablegen von Nervosität, sich selbst beruhigen

6. Die Ruckbrücke (Risikobereitschaft)

Langwierige Entscheidungssituationen (Grübeln) mit einem Ruck beenden, indem man sich zu einem bestimmten (am besten vorher festgelegten) Zeitpunkt zu einer Handlungsoption entschließt

7. Die Lachbrücke (Creativität und Humor)

Humor ist das Salz des Lebens, und wer gut gesalzen ist, bleibt länger frisch.

Siebte Rubicon-Qualität Caesars:
NEUGIER

Motivationspsychologisch betrachtet, ist Neugier das allgemeine Streben, etwas zu lernen. Wird dieses Bedürfnis befriedigt, so kann man sich beruhigt einem zufriedenen »Staunen« hingeben – bleibt es unbefriedigt, fühlt man sich unausgefüllt »wissbegierig«. Neugier zeigt sich im Wesentlichen in der Freude am Hinterfragen und Durchschauen-Wollen von Zusammenhängen.

Neugierige Menschen versuchen vor allem, die Dinge des Lebens zu verstehen, sie sind der Wahrheit und allen Diskussionen sehr aufgeschlossen und möchten immer alles wissen und erfahren. Neugier meint also letztlich Wissbegierde: Der Wunsch, etwas über die Welt oder sich selbst zu erfahren und Wissen zu erwerben, ist für Menschen mit einem stark ausgeprägten Neugiermotiv eine der größten Freuden im Leben. Neugier kann sich als Reiselust gestalten oder in den intellektuellen Bedürfnissen des Lesens, Schreibens oder Reflektierens ausdrücken. Das Wissensmotiv kann auch durch anspruchsvolle Spiele wie Bridge oder Schach befriedigt werden.

All dies trifft auf den jungen und mehr noch auf den älteren Caesar zu. Seine Mutter Aurelia war es, die das Leben des Jungen entscheidend beeinflusste und seine Neugier förderte, denn sie war es vermutlich, die ihn in seinen Kinderjahren unterrichtete und auch die Lehrer für ihn aussuchte, zum Beispiel den genialen Rhetor und

Gelehrten M. Antonius Gnipho, dem auch der junge Cicero zuhörte.

Caesars Ausbildung gehörte zum Besten, was die antike Welt damals zu bieten hatte: Griechische »Klassiker« wie Homer werden vermutlich dazugehört haben. Caesars Ausbildung in den Klassikern führte sogar so weit, dass er angeblich (nach Sueton) eigene Werke verfasste, zum Beispiel ein ›Lob des Herkules‹, ein Trauerspiel namens ›Oedipus‹ und eine Verssammlung.

Wenn es diese frühen Werke tatsächlich gab, dann sind sie verloren gegangen. Es ist durchaus denkbar, dass Caesar schon früh in seinem Leben als Autor tätig war, denn aus seinen späteren Jahren wissen wir, dass er eine Reihe von Büchern über die eigene Kriegsgeschichte verfasst hat: ein Buch über den gallischen Krieg, ein Buch über den Bürgerkrieg gegen Pompeius und eines über den Alexandrinischen Krieg. Sogar ein Werk zum Umgang und Gebrauch der lateinischen Sprache entstammte nachweislich seiner Feder.

Auch die Karriere des jungen Mannes bezeugt seine hohen Neugierwerte. Er erhielt bereits im Jahre 84 v. Chr. – also mit sechzehn Jahren – sein erstes Amt. Er wurde zum Flamen Dialis gewählt, einem angesehenen Opferpriester des Zeus – offenbar dank des Einflusses seiner Mutter und seiner Tante Julia in popularen Kreisen. Das Amt war mit allerlei Ehrungen verbunden, beispielsweise stand ihm ein Lector (eine Art Schriftführer oder Sekretär) zu, er durfte die toga praetexta tragen (Priestergewand) und er erhielt einen Sitz im Senat. Dennoch war das Amt mit einigen Nachteilen verbunden. So musste Caesar beispielsweise strenge Fastenzeiten einhalten, durfte keine militärischen Einheiten führen und konnte Rom nur für zwei Tage und drei Nächte verlassen.

Die Erkenntnisbrücke

Suche nach den Ursachen für das
Motivationsdefizit oder die Handlungsblockaden

Man entdeckt keinen neuen Erdteil, ohne den Mut zu haben, alte
Küsten aus den Augen zu verlieren.
ANDRÉ GIDE

Ein Mullah ritt auf seinem Kamel nach Medina. Unterwegs sah er eine kleine Herde von Kamelen; daneben standen drei junge Männer, die offenbar sehr traurig waren.

»Was ist euch geschehen, Freunde?«, fragte er und der Älteste antwortete: »Unser Vater ist gestorben.« – »Allah möge ihn segnen. Das tut mir Leid für euch. Aber er hat euch doch etwas hinterlassen?« – »Ja«, antwortete der junge Mann, »diese siebzehn Kamele. Das ist alles, was er hatte.« – »Dann seid doch fröhlich! Was bedrückt euch denn noch?«

»Es ist so«, erklärte der älteste Bruder, »sein letzter Wille war, dass ich die Hälfte seines Besitzes bekomme, mein jüngerer Bruder ein Drittel und der jüngste ein Neuntel. Wir haben schon alles versucht, um die Kamele aufzuteilen, aber es geht einfach nicht.« – »Ist das alles, was euch bekümmert, meine Freunde?«, fragte der Mullah. »Nun, dann nehmt doch für einen Augenblick mein Kamel und lasst uns sehen, was passiert.«

Von den achtzehn Kamelen bekam jetzt der älteste Bruder die Hälfte, also neun Kamele; neun blieben übrig. Der mittlere Bruder bekam ein Drittel der achtzehn Kamele, also sechs; jetzt waren noch drei übrig. Und weil der jüngste Bruder ein Neuntel der Kamele bekommen sollte, also

> zwei, blieb ein Kamel übrig. Es war das Kamel des Mullahs.
> Er stieg wieder auf und ritt weiter und winkte den glück-
> lichen Brüdern zum Abschied lachend zu.
>
> Aus: Arbeitspapiere der TAM Trainer-Akademie-München

Manchmal sind die Lösungen so einfach und scheinen doch so
weit weg zu sein. Wie kommt das? Gewohnheiten, sagt eine alte
Volksweisheit, sind der härteste Klebstoff der Welt. Und dies
gilt vermutlich auch für Denkgewohnheiten. Wir laden sie zu
folgendem Experiment ein:

Legen Sie, nachdem Sie die Anweisung komplett gelesen haben, das Buch zur Seite und falten Sie Ihre Hände. Legen Sie nun
den anderen Daumen nach oben. Wie fühlt sich das an? Vermutlich fremd und eher ungewohnt. Wahrscheinlich werden auch
Sie jetzt nach kurzer Zeit – wie wir es in unseren Seminaren immer wieder beobachten – den »alten« Daumen wieder nach
oben legen – und sich wieder wohl fühlen.

Diesen Bereich des Wohlfühlens im Gewohnten nennt der Er-
lebnispädagoge den »Komfortbereich«. In diesem begrenzten
Feld beherrschen wir die Anforderungen und wir brauchen uns
nicht zu plagen. Zahlen aber auch einen hohen Preis: Wir entwickeln uns nicht weiter. Wie hieß es im Kapitel »Hirnforschung«: Wer Schmerz- und Lusterfahrungen vermeidet und
niemals Risiken eingeht, dessen Identität bleibt blass. Um diese
Komfortzone zu verlassen bedarf es aus Sicht der Volitionsforschung diverser unterschiedlicher Selbstüberlistungsstrategien.
Über welche Brücke soll ich gehen?

In Anlehnung an die Arbeiten von Julius Kuhl und Hugo M.
Kehr möchten wir einige dieser Brücken der Selbstüberlistung
näher vorstellen. Zwischen den einzelnen »Brückenstrategien«
wird es gelegentlich Überschneidungen geben, manche können
auch gemeinsam genutzt werden.

Nachdem Sie nach dem Reiss-Profil-Test ja wissen, welche Grundmotive Sie antreiben und welche nicht, ist es notwendig, sich Klarheit über unterschiedliche Willensstrategien zu verschaffen, damit Sie im Nutzungsfall die entsprechende Wahl treffen können. Grundsätzlich — wie bereits erwähnt — ist der Weg über die Brücken nur die zweite Wahl, aber gelegentlich nicht zu vermeiden.

Erwarten Sie sich aber bitte nicht zu viel von den Brücken. Motivationsseminare mit Strategien zur Überlistung des inneren Schweinehundes (vgl. auch das Buch ›So zähmen Sie Ihren inneren Schweinehund‹ von Marco von Münchhausen) haben Hochkonjunktur, und nicht wenige Lebenshilfe-Ratgeber und selbst ernannte Gurus verlocken mit den Botschaften »Du kannst alles erreichen!« oder »Reich, berühmt und schlank in einem Tag!«

Natürlich gibt es ihn nicht, den verborgenen Schalter hinter der Nasenwurzel, den wir nur finden müssen, um alles zu ändern. So wie sich Ihre Denk- und Verhaltensgewohnheiten in der Nährlösung Ihrer genetischen Prägung durch zahlreiche Lebenssituationen meist über Jahre hinweg ausgebildet haben, so viel Zeit und Aufmerksamkeit brauchen Sie in der Regel auch, um etwas zu verlernen beziehungsweise sich neue Strukturen anzueignen. Hinzu kommt, dass ein Großteil der metaphorischen Kräfte jenseits des expliziten Speichers verankert ist und durch Lesen oder Zuhören nur marginal erreicht wird. Abgesehen von wenigen Ausnahmefällen ist es also unrealistisch, an Wunder zu glauben.

Trotzdem lässt sich manchmal mit kleinen Schritten Großes erreichen, wie im Kapitel »Die Seufzerbrücke« (S. 167) im Rahmen der Beschäftigung mit Emotionskontrolle deutlich wird. Verschaffen Sie sich also zuallererst im Sinne einer handlungsleitenden Erkenntnis einen Überblick über die verschiedenen Möglichkeiten und Strategien.

Handlungsanweisung:

1. Machen Sie sich deutlich, dass nicht alle Ziele mühelos und mit Freude erreicht werden können. Manche Wege sind mühsam und schmerzhaft, aber notwendig.
2. Klären Sie für sich ab, über welche Brücken Sie gehen wollen – und gehen Sie.
3. Nicht alle Brücken sind für unterschiedliche Ziele gleich gut nutzbar.

Die Focusbrücke

Fokussieren der Aufmerksamkeit auf handlungsrelevante Merkmale, Ausblendung störender
Reizbedingungen oder unerwünschter Verhaltensimpulse

Eine ganz wesentliche Voraussetzung für eine optimale Umsetzung der fomulierten Ziele über den Kopf ist die nötige konzentrierte Grundhaltung. Konzentration kann auf unterschiedlichste Weise verloren gehen, deshalb ist es wichtig, die eigene Anfälligkeit dafür zu erkunden: Was genau lenkt Sie häufig ab? Wandern Ihre Gedanken unkontrolliert?

Unserer Überzeugung nach ist Konzentration jener Faktor im mentalen Bereich, der zum Beispiel beim Realisieren von sportlichen Zielen den Gewinner vom Verlierer deutlich unterscheidet: Bei gleichem körperlichen und technischen Trainingszustand gewinnt derjenige mit der höheren Konzentrationsfähigkeit. Darüber sind sich Sportpsychologen offenbar einig. Das gilt in gleicher Form vermutlich für alle Leistungsbereiche.

Was genau Konzentration ist, kann allerdings derzeit kein seriöser Sportpsychologe sagen – es gibt noch keine Theorie der Konzentration. Allerdings gibt es einige viel versprechende Ansätze: Demnach hat Konzentration viel damit zu tun, worauf wir unsere Aufmerksamkeit lenken: Schafft es der Basketballspieler nicht, die störenden Zuschauer auszublenden und seine Aufmerksamkeit ausschließlich auf den Korb zu richten, misslingt der Freiwurf wahrscheinlich. Aber das ist nicht alles: Perfekte Konzentrationsleistungen werden von Sportlern erreicht, die sich dessen gar nicht bewusst sind, sondern einfach völlig im sportlichen Wettkampf aufgehen (siehe auch das Kapitel »Flow«, S. 140).

In Hinsicht auf die Leistungsfähigkeit im Alltag dürften ähnliche Ergebnisse zu erwarten sein.

Kann man diesen Zustand der inneren Zentriertheit und des Ausblendens störender Impulse auf Kommando erzeugen?

Die Sportpsychologie nennt vier Wege, wie maximale Konzentration sukzessive trainiert werden kann:

1. Konzentration über den Blick: Fixieren eines Punktes und aktives Ausblenden der Umgebung. Immer wieder üben.

2. Konzentration über den inneren Dialog: (siehe hierzu das Kapitel »Seufzerbrücke«, S. 167)

3. Konzentration durch Anteilnahme: Sich innerlich (und gegebenenfalls sogar äußerlich) auf das Ziel einstellen: Sprechen, schauen, gehen Sie langsamer. Dann öffnen Sie sich bewusst für alle Außenreize und versuchen diese Außenreize zu registrieren. Nehmen Sie alles auf, dann verengen Sie das Spektrum dieser Reize immer mehr, bis Sie schließlich bei sich selbst ankommen: Wie fühlt sich Ihr Körper an? Wie fühlt sich Ihr Bauch an? Beginnen Sie dann mit Punkt 4. Konzentration.

4. Konzentration durch Aktivierung/Entspannung: (siehe auch das Kapitel »Entspannungsbrücke«, S. 182)
Daneben sollte man regelmäßig spezielle Übungen durchführen und anhand von Konzentrationstests die Fortschritte messen.

Das Thema Konzentration ist sehr komplex und kann bei massiven Störungen am besten in Trainingsseminaren und im Einzel-Coaching erarbeitet werden.

Handlungsanweisung:
Eine einfach zu erlernende Konzentrationsübung ist die Ein-
übung langsamer Körperbewegungen:
Das Gleichgewicht schult die Konzentration auf den ganzen
Körper. Wenn Sie bei dieser Übung das Gleichgewicht verlieren,
dann haben Sie sich nicht genug konzentriert!

1. Stellen Sie sich auf Ihr rechtes Bein und führen Sie langsam
   das linke Bein nach vorne, zur Seite und wieder unter den
   Körper.
2. Wechseln Sie nun das Körpergewicht auf das linke Bein und
   führen Sie die gleichen Bewegungen mit dem rechten Bein
   durch.

Ziel ist es, trotz der ständigen Gewichtsverlagerungen das
Gleichgewicht zu halten. Als Steigerung können Sie die Augen
dabei schließen. Sie werden erstaunt sein, wie schwierig es ist,
mit geschlossenen Augen diese einfache Bewegungsfolge durchzuführen.

Immer wieder ausgeführt, verbessert diese Übung stetig die
Konzentrationsfähigkeit.

Die Kooperationsbrücke

Aufsuchen einer anderen Umgebung oder aktiver
Eingriff in die eigene Umgebung mit dem Ziel,
durch Kooperation die eigenen Schwächen zu
kompensieren

Erinnern Sie sich an das Beispiel von Susanne Müller? Die Hand-
lungs- beziehungsweise Umsetzungswahrscheinlichkeit wurde
durch die Absprache mit der Kollegin deutlich erhöht.

Solche Selbstüberlistungshilfen sind zwar in der Regel sehr
wirksam, erfreuen sich in der heutigen Zeit allerdings keiner hohen Statusposition. Wahre »Erfolgsgiganten« nehmen sich etwas
vor und führen es auch konsequent durch. Glauben Sie nicht

ungeprüft diesen Behauptungen ihrer »erfolgreichen« Mitmenschen. In vielen Arbeitsmethodikseminaren mit tausenden von Teilnehmern hat deutlich die Mehrzahl akute Probleme, selbst gefasste Vorsätze strukturiert in die Tat umzusetzen, auch wenn dies meist etwas »gschamig« zugegeben wurde. Sie müssen Ihre persönliche Trickkiste ja auch nicht unbedingt an die große Glocke hängen.

Gerne erzählen wir dazu im Seminar die Geschichte von dem 93-jährigen Mann, der seinen Hausarzt aufsucht und sagt: »Herr Doktor, mit meiner Sexualität stimmt etwas nicht. Ich schaffe es nur noch dreimal die Woche.« Worauf der Arzt bewundernd antwortete: »Na, da können Sie doch stolz drauf sein. Kein Grund zur Besorgnis.« – »Ja«, sagt daraufhin der Patient, »mein Freund Paul ist 97 Jahre und sagt, er schafft es noch täglich!« Darauf der Arzt lapidar: »Na, dann sagen Sie es doch auch!«

Wirklichkeit ist eben das Ergebnis von Kommunikation.

Welche Tricks und Rahmenbedingungen sind es, auf die wir zurückgreifen können?

1. **Klarheit:** Keine verschwommenen Vorsätze. Das Ergebnis muss überprüfbar sein. Gerade bei unangenehmen Handlungsabsichten neigen Menschen zu schwammigen Selbstverpflichtungen, wie zum Beispiel »Bei Gelegenheit werde ich . . .« oder »In Kürze werde ich . . .«

2. **Commitment:** Geben Sie gegenüber einer Kontrollperson genau zu Protokoll, welche Handlung Sie vollziehen wollen und welche Zielerreichungskriterien erfüllt sein müssen.

3. **Verpflichtung:** Verpflichten Sie sich zu einem schmerzhaft hohen Geldbetrag oder einer anstrengenden Dienstleistung als Vertragsstrafe bei Nichterfüllung.

4. **Überprüfung:** Schaffen Sie sich kurzfristige Überprüfintervalle, damit Sie das Ziel nicht aus den Augen verlieren.

5. **Hilfe:** Nehmen Sie so oft wie möglich Hilfe in Anspruch, wenn Sie feststellen, dass Sie alleine nur schwer zurechtkom-

men. Kooperation schlägt Konkurrenz. Die meisten Menschen helfen gerne.

Rational-Emotive Psychologen erklären, dass es keine Realität per se gibt, sondern nur Sichtweisen der »Realität«.

Ein Neurologe, ein Orthopäde und ein Psychiater gehen spazieren. Auf der Straßenseite gegenüber läuft ein Mann, der einen speziellen, merkwürdig wirkenden Gang hat. Der Neurologe sagt: »Das ist ein klarer Fall von Zerebrallähmung. Schaut mal auf den typischen Scherengang!« Der Orthopäde wendet sich dagegen: »Das ist eine glatte Fehldiagnose. Der Mann hat ein Marie-Strumpfel-Syndrom.« Der Psychiater ist mit beiden Diagnosen nicht einverstanden: »Das ist doch wieder typisch Organmediziner. Kaum sehen sie ein körperliches Problem, hat es auch körperliche Ursachen. Das Ganze ist eindeutig hysterischer Natur.«

Sie können sich nicht einigen und wetten schließlich einen hohen Betrag. Sie wenden sich – wenn auch mit Bedenken – an den Mann mit dem merkwürdigen Gang, der unterdessen stehen geblieben ist und sich suchend umschaut. Der Befragte hat jedoch kein Problem mit der Frage, sondern sagt: »Schön, dass ihr mich ansprecht. Ich bin nämlich selbst Arzt und kann euch die tatsächliche Diagnose geben. Ich sage euch nur: Wenn ich nicht sehr schnell eine Toilette finde . . .«

Die Seufzerbrücke

Unterdrückung unerwünschter Emotionen,
Herstellung einer zielförderlichen Emotionslage

Gelegentlich ist es ratsam, seinen Gefühlen nicht uneinge-
schränkt freien Lauf zu lassen, um seine Ziele zu erreichen.
Manche Alltagssituationen erfordern es, Gefühle zu kontrollieren oder zu unterdrücken. Eine sehr passende Geschichte dazu
erzählte Stephen Covey:

»Ich befand mich in der New Yorker U-Bahn. Die anderen
Passagiere saßen still da, manche lasen Zeitung, andere waren in Gedanken versunken, einige hatten die Augen ge-
schlossen und ruhten sich aus. Es war eine ruhige friedli-
che Szene. Da stieg ein Mann mit seinen Kindern ein. Die
Kleinen waren laut und ungestüm und die ganze Stimmung
änderte sich abrupt. Der Mann setzte sich neben mich und
machte die Augen zu. Er nahm die Situation offenbar überhaupt nicht wahr. Die Kinder schrien, warfen Sachen um-
her, zerrten sogar an den Zeitungen der anderen Fahrgäste.
Das war ausgesprochen störend. Aber der Mann neben mir
tat gar nichts. Es war schwierig, sich nicht davon irritieren
zu lassen.

Ich konnte es nicht fassen, dass er so teilnahmslos war,
dass er seine Kinder dermaßen herumtoben ließ und nichts
dagegen tat, überhaupt keine Verantwortung übernahm.
Es war deutlich, dass sich auch alle anderen in der U-Bahn
ärgerten. Mit aus meiner Sicht ungewöhnlicher Geduld
und Zurückhaltung sprach ich ihn schließlich an: ›Ihre
Kinder stören sehr viele Leute hier. Können Sie vielleicht
ein wenig mehr auf sie achten?‹

Der Mann hob die Augen, als ob er sich zum ersten Mal

der Situation bewusst würde und sagte leise: ›Oh, Sie haben Recht. Ich sollte etwas dagegen tun. Wir kommen gerade aus dem Krankenhaus, wo ihre Mutter vor einer Stunde gestorben ist. Ich weiß nicht, was ich denken soll, und die Kinder haben vermutlich auch keine Ahnung, wie sie damit umgehen sollen.‹

Können Sie sich vorstellen, was ich in diesem Augenblick empfand? Mein Paradigma wechselte. Plötzlich sah ich die Dinge anders, und da ich sie anders sah, fühlte und verhielt ich mich auch anders. Mein Ärger löste sich schlagartig auf... Mitgefühl und Sympathie konnten plötzlich frei fließen.«

Aus: Stephen Covey: Die sieben Wege zur Effektivität. Frankfurt/Main 1992.

Ein Mensch kann zu jedem Zeitpunkt seines Lebens lernen – was bei Stephen Covey automatisch passiert ist –, seine Emotionen zu ändern beziehungsweise zu kontrollieren, indem er seine Sichtweise und Bewertung ändert. Besser ist es natürlich, wenn bereits in der Kindheit die Weichen dafür gestellt werden.

Der Sozialpsychologe Martin Seligmann hat ein Konzept entwickelt, das Penn Depression Prevention Program, das zeigt, wie Kinder zu optimistischen und widerstandsfähigeren Menschen erzogen werden können. Wie seine bisherigen Erfahrungen mit vielen hundert Schülern und Schülerinnen zu erkennen geben, ist das Programm geeignet, pessimistische Einstellungen zu mindern und Depressionen vorzubeugen. Optimistisches Denken lässt sich also tatsächlich lernen. Kernstück seines Programms ist die so genannte ABC-Methode, die wir Ihnen in ihren Grundzügen hier vorstellen möchten.

Die der ABC-Methode zugrunde liegenden Prinzipien sind nicht neu. Vor mehr als 2000 Jahren nutzten die Philosophen der Stoa diese Methode, um das Verhalten der Menschen zu verstehen. Neben vielen Denkern und Staatsmännern waren auch

Epiktet und später Marc Aurel glühende Anhänger dieser Lehre und verbreiteten ihr Gedankengut als »psychohygienische Maßnahme« weiter. Erst vor etwa vierzig Jahren begann zum ersten Mal ein Psychologe, Albert Ellis, diese Prinzipien aufzugreifen und therapeutisch anzuwenden.

Wie lauten diese Prinzipien?

Der wichtigste Grundsatz ist vielleicht der, dass Menschen die einzigartige Fähigkeit haben, zu denken und zu disputieren. Das bedeutet: In welcher Situation wir auch immer sind, wir haben immer eine Meinung, ein Urteil oder eine Auffassung darüber. Wir haben gewiss nicht allzeit die richtige oder angemessene Meinung, aber – wenn auch meist nicht bewusst – im Zusammentreffen mit Personen, Situationen oder Ereignissen benutzen wir unsere wie und wo auch immer gespeicherten Lebenserfahrungen und ziehen bestimmte Schlussfolgerungen.

Wenn wir uns in solchen Situationen selbst ganz genau beobachten könnten, würden wir feststellen, dass unser Denken meistens in ganz einfachen Begriffen und Sätzen verläuft. Anders ausgedrückt, wenn wir denken, sprechen wir mit uns selbst. Wir führen Selbstgespräche.

Meistens merken wir gar nicht, dass wir wieder einmal mit uns selbst reden, weil ein Großteil von dem, was sich in unserem Gehirn abspielt, unbewusst abläuft. Oft beurteilen wir eine Situation so schnell, dass es uns so vorkommt, als hätten wir gar nicht darüber nachgedacht. Ein Vorurteil ist ein gutes Beispiel für so einen augenblicklichen oder unbewussten Gedankengang.

Emotionen oder Gefühle (wir lassen die außer Acht, die durch körperlichen Kontakt, Drogen oder Hormone entstehen) hängen von der Art und Weise ab, wie wir über Dinge urteilen, wie wir sie bewerten. *Wir fühlen so, wie wir denken. Wir bekommen die Gefühle, die zu unseren unbewusst vorgenommenen Bewertungen passen.* Je extremer wir eine Situation, eine Person oder ein Ereignis bewerten, desto heftiger sind in der Konsequenz auch unsere Emotionen. Unser Handeln folgt gewöhnlich unseren Gefühlen. Was wir tun, hängt meistens davon ab, was wir in einer bestimmten Situation denken und fühlen.

Gedanken verursachen also *Gefühle,* die ihrerseits wieder unser *Handeln* beeinflussen.

Wenn unsere Gedanken und Ideen auf unangemessenen Bewertungen, auf Vorurteilen oder auf anderen falschen Auffassungen basieren, dann werden die Gefühle und Handlungen, die daraus folgen, öfter Schwierigkeiten und Probleme mit sich bringen.

Wiederholt sich eine solche unrealistische Art und Weise des Denkens, wird sie schnell zur Gewohnheit. Die Gefühle und Handlungen, die aus unrealistischem Denken folgen, hemmen oder zerstören sogar das Selbstbewusstsein. Sie bringen uns fast immer in Schwierigkeiten oder verursachen eine emotionale Störung.

Wenn wir behaupten, dass jemand »emotional gestört« ist, dann meinen wir damit meistens, dass sein Urteil über eine bestimmte Situation nicht korrekt oder angemessen ist und dass er oder sie als Folge davon unter negativen Gefühlen leidet. So verharrt er dann auch in einer unproduktiven, ineffizienten und unbefriedigenden Lebensweise.

Es ist das Ziel des rationalen Denkens, die Menschen dazu anzuleiten, Ungenauigkeiten und Unrichtigkeiten in ihrem Denken zu erkennen und dann sich selbst und ihre Umwelt realistischer zu sehen.

Angemessenes Denken bemüht sich, soweit es eben möglich ist, unkompliziert und direkt »an der Sache« zu bleiben.

Das ABC einer Emotion

Hier ein Beispiel für das Prinzip ABC, das dem wirklichen Leben entnommen ist.

Ein 16-jähriges Mädchen kam vollkommen außer sich in die Praxis eines Psychotherapeuten, weil ihr Freund sie wegen eines anderen Mädchens sitzen gelassen hatte. Sie beschrieb ihre Gefühle, die man schon von ihrem Gesicht ablesen konnte, als Depression und Ärger (auf ihren Freund). Sie fühlte sich wertlos und ohne Hoffnung. Sie erzählte, dass sie den ganzen Tag geweint habe, nichts habe essen können, Selbstmordgedanken habe und nicht zur Schule gegangen sei. Außerdem bekomme sie wegen Kleinigkeiten Streit mit ihren Eltern. Dadurch sei die Situation zu Hause sehr gespannt.

Nach dem ABC-Schema ergab sich:

A. (Ereignis)	Ich wurde im Stich gelassen.
B. (Gedanken)	(stellen wir einen Augenblick zurück)
C. (Emotionale Reaktion oder Gefühle)	Ich wurde depressiv, ärgerlich, ich hatte das Gefühl, zu nichts zu taugen, ich weinte, konnte nicht mehr essen, hatte Selbstmordgedanken, ging nicht in die Schule und bekam Streit mit den Eltern.

Auf der Basis der Theorie des ABC-Denkens machten wir uns klar, dass »C« nicht durch »A« verursacht wurde. Wir bemerkten auch, dass es unangenehme Folgen haben kann, wenn man im Stich gelassen wird. Aber das muss nicht als Katastrophe bezeichnet werden. Nur wenn man es in einer bestimmten Art betrachtet, scheint es eine Katastrophe zu sein. Darum fragten wir das Mädchen, was sie über diese Lage dachte oder meinte.

Obschon sie zuerst behauptete, keine Meinung darüber zu haben, sagte sie nach kurzer Zeit:

»Es ist gemein von ihm, so etwas Gemeines zu tun. Ich kann es nicht vertragen, so behandelt zu werden. Dazu hat er nicht das Recht. Das durfte er nicht tun. Ich werde es ihm heimzahlen, indem ich wieder mit ihm anbändle – und ihn dann sitzen lasse. Wer will denn noch ein Mädchen, das einen Korb bekommen hat? Ich fühle mich vollkommen wertlos.«

Mit dieser Information war es einfach zu verstehen, warum die junge Dame so außer sich war. Nun können wir auch den Teil »B« in unserem Schema ausfüllen.

A. (Ereignis)	Ich wurde im Stich gelassen.
B. (Gedanken oder Meinung)	Ich kann das nicht vertragen.
	Dazu hat er nicht das Recht.
	Das hätte er nicht tun dürfen.
	Ich will es ihm heimzahlen.
	Ich habe einen Korb bekommen.
	Ich bin wertlos.
C. (Emotionale Reaktion oder Gefühle)	Ich wurde depressiv, ärgerlich, ich hatte das Gefühl, für nichts tauge ich mehr, und ich weinte, konnte nicht essen, hatte Selbstmordgedanken, ging nicht in die Schule und bekam Streit mit den Eltern.

Die Gedanken unter »B« sind ein ausgezeichnetes Beispiel für *unangemessenes Denken.* Jeder mit ähnlichen Auffassungen wird sich aufregen und sehr unglücklich fühlen.

Vielen Menschen wird es wie dem Mädchen aus dem Beispiel am Anfang schwer fallen zu akzeptieren, dass solche Gedanken unangemessen sind und nicht auf Tatsachen beruhen. Sie werden sogar unbedingt darauf bestehen, dass solche Gedanken angesichts der Umstände angemessen sind. Sie meinen, es gebe keine andere Sichtweise (siehe auch das Kapitel »Self-Hugging«, S. 125), dieser Lage, und behaupten, dass jeder andere Mensch das Gleiche gefühlt haben würde.

Weil das keine ungewöhnliche Reaktion ist, muss man genauer analysieren, was unangemessenes Denken ist und wodurch es verursacht wird.

Unangemessene innere Dialoge führen zu unangemessenen und meist unerwünschten Emotionen.

Durch welche Gedanken geraten Menschen aus der Balance? Gibt es bestimmte leicht zu identifizierende Gedanken, Bewertungsmuster, Vorstellungen oder Auffassungen, durch die man unglücklich wird?

Es gibt solche Muster in der Tat – sogar viele. Und fast alle dieser Gedanken, die unglücklich machende und unangemessene Emotionen verursachen, haben eine Grundlage. Sie enthalten meist das Wort »schrecklich« oder das Wort »müssen« – oder sogar beide.

»Schrecklich« und »müssen« verwenden heißt *katastrophisieren.*

»Schrecklich« enthält eine Menge Übertreibungen und Extreme wie »furchtbar«, »abscheulich«, »erschreckend«, »entsetzlich«. Wir meinen meistens, dass etwas schrecklich ist, wenn wir zu uns oder zu anderen sagen: »Es ist furchtbar!« – »Das macht mich wahnsinnig!« – »Ich kann es nicht vertragen!«

»Müssen« enthält absolute Auffassungen wie »Es muss so und nicht anders sein . . .«. – »Es ist unbedingt notwendig . . .«. – »Es gehört sich nicht . . .« etc. Es ist das Müssen gemeint, wenn wir zum Beispiel sagen: »Mir darf so etwas nicht passieren!« – »Ich muss der Beste sein!« – »Man darf mich nicht ablehnen!«

Natürlich sind es nicht diese Worte und Ausdrücke an sich, wodurch die Probleme entstehen. Vielmehr geschieht es durch unsere innere Haltung bei diesen Worten. Die Verarbeitung ist uns nicht bewusst und findet vermutlich im »impliziten Speicher« statt. Erst wenn wir sie dort hervorholen, quasi detektivisch aufspüren, können wir sie bearbeiten.

Unsere Haltung bei »schrecklich« ist immer eine irreale Übertreibung. Wenn man etwas »schrecklich« nennt, macht man aus diesem Ereignis eine große Enttäuschung, ein Unglück oder eine Katastrophe. Es ist genau so, als ob man sagen würde, fünf mal fünf sei zehntausend oder jemand sterbe »tausend« Tode.

Wenn man so denkt, dann macht man aus einer etwas unbequemen oder unglücklichen Situation katastrophal Schlimmes, während man es auch einfach nur als unbequem oder unglücklich ansehen könnte.

Das Verhalten bei »müssen« ist immer eine irreale Forderung. Wenn Sie zu sich selbst sagen, dass etwas so sein muss, dann machen Sie aus einem Wunsch oder einer Möglichkeit eine Forderung. Es ist genau so, als würden Sie sagen, dass die Farbe Blau heute grün sein müsste oder dass jetzt kein Schnee fallen dürfte, weil Sie es so wollen – und es schneit trotzdem.

Was können Sie tun, wenn Sie diese Aussagen »es muss« und »es ist schrecklich« bei sich selbst beobachten?

Sie untersuchen gründlich und nachhaltig ihre Berechtigung und stellen diese zur Diskussion.

Wie?

Ganz einfach: indem Sie fragen, *warum?*

Immer, wenn Sie etwas »schrecklich« finden, stellen Sie die Fragen: *Warum* ist es *schrecklich?* Wo ist der Beweis, dass es *schrecklich* ist?

Wenn Sie auf diese Weise jede Situation oder jedes Ereignis genau untersuchen, dann werden Sie entdecken, dass grundsätzlich fast nichts »schrecklich« ist. Dann kommen Sie vermutlich zu der Erkenntnis, dass das bestimmte Ereignis vielleicht ein wenig unglücklich ist und dass Sie vielleicht einige Unannehmlichkeiten haben werden, aber es ist unwahrscheinlich, dass die Situation wirklich furchtbar oder katastrophal ist.

Sollte es Ihnen gelingen, in einer frustierenden Situation – also in einer Situation, in der die Dinge nicht so gelaufen sind, wie sie es gerne gehabt hätten – durch eine solche innere »Disputation« die Bewertung zu verändern, haben Sie eine reelle Chance, das Frustthermometer erheblich zu beeinflussen. Dann können Sie zwar noch erregt und emotional werden, aber Sie geraten nicht mehr in Panik oder »außer sich«. Sie verlieren nicht die Fassung, wenn die Dinge schwierig werden.

Zugegeben, in dieser Welt gibt es, wie der holländische Psychiater René Diekstra es formulierte, »Unbequemlichkeiten und Nachteile. Aber Schrecken und Abscheu sind Übertreibungen, es sind Gespenster und Dämonen, die nur in Ihrem eigenen Kopf leben.«

Gewöhnen Sie sich an, wenn Sie ein »es muss« in Ihrer inneren Bewertung oder in Ihrem Sprachgebrauch finden, sich selbst zu fragen: »Warum muss es?« – »Wer sagt, es muss?« Die Antwort auf ein »es muss« ist dann meistens: »Es muss nicht.«

Nichts muss genau so sein, wie Sie das wollen. Vielleicht wäre es für Sie angenehmer, wenn die Dinge so wären, wie Sie es wünschen, aber das bedeutet nicht, dass sie so sein *müssen* oder *so sein sollten.*

Es ist sehr wichtig, sich bewusst zu machen, dass die Dinge so sind, wie sie sind, und nicht so, wie Sie gerne wollen. Viele Menschen lehnen diese Art der psychohygienischen Selbstbetrachtung ab und verniedlichen die Möglichkeiten, die ihnen mit dieser Methode zur Verfügung stehen. Sie benutzen dann gerne Sätze wie: »Ich habe das gar nicht so gemeint.« Oder: »Das ist doch Erbsenzählerei.« Vorsicht, es geht hier nicht um ein einzelnes Werkzeug, sondern um eine wichtige Lebensgrundhaltung.

Die Wirklichkeit ist so, wie sie ist, und nicht so, wie Sie sie gerne haben wollen. Die Wirklichkeit ist, wie der Konstruktivist Heinz von Foerster es beschreibt, die Erfindung eines Lügners (siehe auch das Kapitel »Konstruktivismus«, S. 83) Nichts oder niemand ist verpflichtet, Ihnen bestimmte Bedürfnisse oder Wünsche zu erfüllen (wie Liebe, Anerkennung, Gehorsam, Erfolg oder Ansehen). Auch dann nicht, wenn Sie zum Beispiel eine eher anstrengende Erziehung genossen haben, viele Rückschläge in der Schule hinnehmen mussten, oft ungerecht behandelt wurden, gegenwärtig finanzielle Probleme oder andere Schwierigkeiten haben oder wenn es jemand anderem anscheinend deutlich besser geht als Ihnen.

Sie sind nicht der Herr der Welt. Die Dinge müssen nicht so sein, wie Sie das wollen.

Zum Hintergrund der ABC- Methode

Wenn etwas Schlimmes in Ihrem Leben passiert und Sie denken: »Das hätte nicht passieren dürfen«, oder »Das ist schrecklich und grausam, dass gerade mir so etwas zugestoßen ist«, dann meinen Sie in Wirklichkeit, dass Sie nicht wollen, dass es geschehen ist. Dann ist Ihr Denken nicht angemessen und resultiert aus einem falschem Anspruch. Darum wird es für Sie erstaunlich klingen, wie Diekstra diesen Umstand treffend beschreibt: »Dinge geschehen in dieser Welt einzig und allein, weil alles, was nötig ist für ihr Zustandekommen, geschehen ist. Das ist ein wichtiges Prinzip des angemessenen Denkens« (Diekstra 1994).

Die Welt, in der wir leben, ist ein Ort, in dem Ereignisse erst dann passieren, wenn alle Bedingungen für ihr Erscheinen erfüllt sind. Nur dann geschieht etwas.

Diekstra nennt folgendes Beispiel:

»Stellen Sie sich vor: Sie wollen eines Abends ins Kino, um einen Film zu sehen, der in aller Munde ist. Beim Kino angekommen, stellen Sie sich in der langen Schlange an, die vor der Kasse wartet. Wenn Sie an der Reihe sind, stellt sich heraus, dass alle Karten ausverkauft sind und Sie ergebnislos wieder nach Hause gehen können. Sie haben lange in der Schlange gewartet; Sie wollen den Film gerne sehen. Aber *müssen* Sie ihn darum sehen? Wenn Sie *vernünftig* denken, sagen Sie: Es wäre schön gewesen, ich wollte es gern, aber ich *musste* den Film nicht sehen. Leider gab es keine Karten mehr. Pech gehabt.

Wenn Sie *unvernünftig* denken, sagen Sie: Verdammt, jetzt habe ich die ganze Zeit gewartet, das gehört sich nicht, und ich muss den Film auch sehen! Dann werden Sie ärgerlich.

Wir wollen noch kurz bei diesem Beispiel bleiben. Stellen Sie sich vor: Sie stehen in der Schlange, Sie rücken weiter vor und sind dann dran. Sie bitten um eine Karte, die junge Frau reißt eine ab und nennt den Preis. In diesem Augenblick, wenn Sie bezahlen wollen, bemerken Sie, dass Sie vergessen haben,

Geld mitzunehmen. Sie müssen wieder ergebnislos nach Hause gehen.

Nun haben Sie eine lange Zeit in der Schlange gewartet und Sie wollen den Film gerne sehen. Aber *mussten* Sie ihn darum auch sehen? Wenn Sie vernünftig denken, dann sagen Sie: Es wäre schön gewesen, aber von einem *Müssen* kann keine Rede sein. Leider hatte ich keine Geld dabei.

Wenn Sie unvernünftig denken, sagen Sie: Wie konnte ich so dumm sein, was bin ich doch für ein Kamel; wie konnte ich das Geld vergessen, den Film musste ich doch sehen. Dann werden Sie ärgerlich auf sich selbst.

Betrachten wir nun dieses Beispiel aus der angemessenen Perspektive:

Sie hätten den Film nur unter drei Bedingungen sehen können:

1. Wenn Sie es gewollt hätten.
2. Wenn Sie eine Karte bekommen hätten.
3. Wenn Sie Geld dabei gehabt hätten.

Diese drei Ausgangsbedingungen hätten zusammenkommen müssen, um sich den Film anschauen zu können.

Wie Sie sehen, es nur zu wollen genügt nicht, um den Film auch zu sehen. Sie können nun leichter verstehen, dass der Gedanke »Ich will es und darum muss es« nicht realistisch oder angemessen ist. Denn die Dinge des Lebens geschehen nicht, weil Sie es sich so wünschen. Wenn man jedoch so denkt, wird man zusätzlich ärgerlich und hat ein äußerst unangenehmes Gefühl. Letztlich wird das, was Sie wollen – im genannten Beispiel, den Film sehen – nicht erreicht werden können« (Diekstra 1994).

Wie wir bereits erwähnten, so einfach, wie es sich hier liest, so schwierig ist gelegentlich die Umsetzung in die Praxis. Es funktioniert aber sehr gut, wenn Sie häufiger Ihre Aufmerksamkeit gezielt auf die Konsequenzen Ihres inneren Dialogs richten.

Grundsätzlich ist es auch deshalb schwer, weil Sie die Verantwortung für Ihre Emotionen übernehmen und aufhören müssen, Situationen, Personen oder Ereignisse für Ihre Emotionen verantwortlich zu machen. Das fällt vielen Menschen nicht leicht.

Unsere Gefühle sind das Ergebnis unseres Denkens, unseres inneren Dialogs, unseres Bewertens und eben nicht die Konsequenz irgendwelcher Situationen oder Ereignisse. Ist der Gedanke, also die Bewertung, unangemessen, so bekommen wir auch das unangemessene Gefühl. Oberstes Gebot ist also, sich die Disziplin anzueignen, angemessen denken zu lernen. Wie Paul Watzlawick sagte und wie wir ihn bereits zitiert haben: »Aus der Idee des Konstruktivismus ergeben sich zwei Konsequenzen. Erstens die Toleranz für die Wirklichkeiten anderer – denn dann haben die Wirklichkeiten anderer genauso viel Berechtigung wie meine eigene. Zweitens ein Gefühl der absoluten Verantwortlichkeit. Denn wenn ich glaube, dass ich meine eigene Wirklichkeit herstelle, bin ich für diese Wirklichkeit verantwortlich, kann ich sie nicht jemand anderem in die Schuhe schieben.«

Sieben Strategien, die Ihnen garantiert helfen, sich selbst und andere unglücklich zu machen

Der Kommunikationsforscher Paul Watzlawick hat als Erster damit begonnen, die Erfolgsliteratur auf den Kopf zu stellen, um dem Leser durch die Paradoxie »wieder auf die Beine zu helfen«. In Anlehnung an diese Methode und auf dem Hintergrund rational-emotiver Grundaussagen von Diekstra können Sie im Folgenden prüfen, wie oft bestimmte »Erfolgsstrategien« bewusst oder unbewusst Ihren Alltag »verschönern«. In der dazugehörigen Gegenrede finden Sie Argumente, um das Trommelfeuer von Negativsuggestionen zu stoppen und durch die Methode des »inneren Dialogs« konstruktiv zu überarbeiten. Viel Erfolg!

Warum sind andere klüger und schöner als ich?

Erfolgsstrategie 1: Ich vergleiche mich ständig (ungünstig) mit anderen.

Gegenrede: Vermutlich wird es immer Menschen geben, die glücklicher, intelligenter, reicher oder besser geschult sind als Sie. Aber was kümmert Sie das? Menschen sind zwar ungleich, aber das bedeutet noch nicht, dass sie nicht gleichwertig sind. Es gibt niemanden auf der ganzen Welt, der Sie dazu bringen kann, sich minderwertig zu fühlen, wenn Sie es nicht selber tun. Manche (sich minderwertig fühlende) Menschen glauben, dass andere Menschen auf dieser Welt dazu auserwählt sind, einen besonderen, wichtigen Auftrag zu erfüllen. Das ist großer Unsinn, denn entweder hat jeder eine besondere Bestimmung oder niemand. Im letzteren Fall können wir unsere »Mission« in gewissem Sinn selbst wählen.

Jeder Mensch, der in diese Welt hineingeboren wird, vertritt etwas gänzlich Neues, etwas, das noch nie vorher dagewesen ist. Sollte es in unserem Universum einen Schöpfer geben, der Aufträge verteilt, so hat jeder von uns seinen eigenen, einzigartigen Auftritt. Gibt es diesen großen Verteiler aber nicht, müssen wir uns unser Ziel folglich selbst auswählen. Wer außer uns selbst darf dann bestimmen, was für uns wertvoll oder sinnvoll ist?

Ich bin nur wertvoll, wenn andere mich lieben!

Erfolgsstrategie 2: Ich habe das Gefühl, dass ich nichts wert bin, es sei denn,
- jemand verliebt sich in mich
- jemand möchte ein (partnerschaftliches) Verhältnis mit mir
- jemand braucht mich
- ich habe einen gut bezahlten Arbeitsplatz
- ich verdiene viel Geld
- andere finden, dass ich viel geleistet habe

Gegenrede: Dostojewski hat einmal darauf hingewiesen, dass das Gebot »Liebe deinen Nächsten wie dich selbst!« wahrscheinlich im umgekehrten Sinn verstanden werden soll. Er wollte damit ausdrücken, dass man seinen Nächsten nur dann lieben kann, wenn man sich selbst lieben kann. Brauchen wir andere, um eigene Minderwertigkeitsgefühle zu überdecken, dann liebt man den Menschen nicht um seiner selbst willen, sondern wegen der Eigenschaften, die man selbst besitzt. Wer sich selbst nicht mag und akzeptiert, bevor sich jemand in ihn verliebt, wird sich kaum wertvoller fühlen, nachdem das geschehen ist.

Ich muss mein Leben so gestalten, dass ich es jedem recht mache?

Erfolgsstrategie 3: Ich denke meistens, dass ich es jedem recht machen muss.

Gegenrede: Menschen, die glauben, es jedem recht machen zu müssen, erreichen auf die Dauer meist das Gegenteil. Nur wenn man anderen Grenzen setzt und diese überwacht, baut man ein Gefühl der Sicherheit, des Mutes und des Selbstvertrauens auf. Nur dann stellt man für andere eine Herausforderung dar und entwickelt sich zu einer Person, auf die Rücksicht genommen wird.

Ich muss perfekt sein – und zwar sofort!

Erfolgsstrategie 4: Ich setze meine Ziele unerreichbar hoch.

Gegenrede: Nicht wenige Menschen möchten das Gleiche können wie andere, ohne aber den dafür erforderlichen Lernprozess mit allen seinen Höhen und Tiefen durchmachen zu wollen. Setzen Sie sich Ihre eigenen Ziele, und zwar so, dass sie von Ihrem Niveau aus erreichbar sind. Sie können sie ja morgen, wenn sie möchten, immer noch eine Stufe höher setzen als heute.

Nichts gibt meinem Leben einen Sinn!

Erfolgsstrategie 5: Ich suche immer und überall nach dem Sinn des Lebens.

Gegenrede: Das Leben hat keinen Sinn – außer du gibst ihm

einen. Diese Feststellung gibt Ihnen die einzigartige Gelegenheit, sinnvolle Dinge und Erfahrungen für sich selbst zu schaffen. Sie sind oft nur von kurzer Dauer, können aber meist wiederholt werden.

Alles ist so langweilig!

Erfolgsstrategie 6: Ich setze alles daran, um mich so oft wie möglich zu langweilen.

Gegenrede: Wenn Sie sich langweilen, sind Sie fast immer auch ein langweiliger Partner. Kaum ein Mensch ist so unattraktiv wie jemand, der ständig wissen lässt, dass er sich selbst eigentlich nicht der Mühe wert findet oder dass er nichts (Sinnvolles) zu tun hat. Dann geht man ihm gerne aus dem Weg nach dem Motto: »Wenn du schon nichts zu tun hast, dann tu es bitte nicht hier.«

Ich habe sowieso keine oder nur geringe Möglichkeiten, mein Leben zu beeinflussen!

Erfolgsstrategie 7: Mein Schicksal wird von Kräften und Mächten bestimmt, die ich sowieso nicht beeinflussen kann.

Gegenrede: Das stimmt – wenn überhaupt – nur zum Teil. Viele Dinge in Ihrem Leben werden nicht getan, wenn Sie sich nicht selbst darum kümmern. Ein wichtiger Maßstab für die Qualität Ihres Lebens ist das Ausmaß Ihrer persönlichen Bemühungen und Anstrengungen. Zugleich ist der Maßstab für die Qualität Ihrer Persönlichkeit das Ausmaß Ihrer Bereitwilligkeit, sie selbstreflektiv zur Diskussion zu stellen.

Handlungsanweisung:

1. Kontrollieren Sie bei unangenehmen Emotionen, wie zum Beispiel Angst, Wut, Ärger oder Trauer, welche Bewertungen diesem Gefühl vorausgegangen sein könnten.
2. Kontrollieren Sie, ob Sie häufig Absolutismen, wie »immer, jeder, keiner, nie« benutzen. Dies führt meist ebenfalls zu unangemessenen Gefühlen.

3. Relativieren Sie dieses »wording«, indem Sie sich angewöhnen, differenzierende Wörter zu benutzen wie »meistens, oft, gelegentlich, einige, wenige« etc.

4. Beobachten Sie gründlich, wie oft Sie die Wörter »müssen« und »schrecklich« benutzen. Meist ist dies ein Indiz dafür, dass Sie auch entsprechende innere Verarbeitungsmuster bereitstellen. Tauschen Sie diese Begriffe so oft wie möglich aus.

5. Prüfen Sie Ihre Gedanken prinzipiell auf Angemessenheit, um die unangemessenen, aber automatischen Gedankenmuster Schritt für Schritt ein für allemal aus Ihrem Leben zu verbannen.

Die Entspannungsbrücke

Erregungskontrolle – Ablegen von Nervosität – sich selbst beruhigen

Entspannung

Die meisten Menschen unserer Gesellschaft stehen unter vielfältigen Belastungen im Alltag (Beruf, Familie etc.) und klagen daher oft über Stress und Nervosität. Es gibt diverse Techniken, welche die Fähigkeiten verbessern, seine Aufregung zu kontrollieren, Ängste in den Griff zu bekommen und entspannter die Durchsetzung seiner Ziele im Auge zu behalten. Sollte es Ihnen ebenso gehen, gibt gezielte Entspannung Ihnen die Möglichkeit, aktiv Ihrem Stress entgegenzuwirken und etwas für Ihr Wohlbefinden zu tun.

Obwohl die medizinische und psychologische Forschung eine Reihe von anerkannten und überprüften Entspannungstechniken zur Verfügung stellt, wird sehr oft übersehen, dass unser Organismus eigenständig für die nötige Entspannung sorgt – sofern wir ihn dazu kommen lassen beziehungsweise ihn nicht daran hindern. Eine der wichtigsten Strategien zur Entspannung ist der gesunde Schlaf – eine in der heutigen hektischen

Alltagswelt viel zu vernachlässigte Stellgröße für die individuelle Gesundheit. Aber lassen Sie uns zuerst auf die Techniken und dann auf den Schlaf eingehen.

Wie lernt man Entspannungstechniken

Am Anfang sollten Sie die Entspannungsübungen unter Anleitung durchführen. Nach einigen Wiederholungen stellt sich ein gewisser Trainingseffekt ein, das heißt, Sie fallen immer leichter in die Entspannung und werden insgesamt ruhiger. Nach einer Weile können Sie sich alle Entspannungsanweisungen selbst geben.

Wissenswertes über Entspannungstechniken

Aktive Methoden der Entspannung basieren auf grundlegenden psychophysiologischen Grundregeln wie zum Beispiel dem Pawlowschen Konditionierungsgesetz oder den ideomotorischen Regeln, sie setzen gezielt am Organismus an und sind wissenschaftlich fundiert. Sie führen unter anderem deutlich

• zu einer Senkung des Erregungsniveaus
• zu einer Erhöhung der Belastbarkeit
• zum Abbau von bereits bestehenden körperlichen Beschwerden (Spannungskopfschmerz, Herz- und Kreislaufstörungen, Schlafstörungen, Angespanntheit, Nervosität etc.)
Regelmäßiges Üben der Entspannung führt zu gesteigertem Wohlbefinden und einer erhöhten Leistungsfähigkeit.

Welche Umgebungsbedingungen sind hilfreich?

Grundsätzlich ist es günstig, die Umgebungsbedingungen so ruhig und angenehm wie möglich zu gestalten. Der Übungsort sollte – als Wohlfühlort – nicht zu kühl sein. Wir empfehlen, Telefon und eventuell Haustürklingel auszuschalten, auch das Handy nicht zu vergessen, Familienmitglieder zu informieren und um Verständnis zu bitten, dass Sie für die Übung Ruhe benötigen.

Zu Beginn des Trainings sind die Entspannungseffekte wahrscheinlich geringer. Das Gleiche gilt, wenn Sie die Übungen nur direkt vor beruflichen Verpflichtungen oder vor erwartungsgemäß unangenehmen Situationen durchführen, weil Sie dann wahrscheinlich nicht so gut abschalten können. Ihre Kleidung sollte bequem und locker sein, störendes Zubehör wie Kontaktlinsen, Brille oder Schmuck sollten Sie entfernen, enge Gürtel, Kragen oder Krawatte lockern. Als innere Vorbereitung empfehlen wir Ihnen, die Augen zu schließen, sich auf Ihren Körper und auf das Gefühl der Ruhe zu konzentrieren.

Wie Sie Ihre Entspannungsfortschritte identifizieren können

Es treten Gefühle der Schwere und Wärme auf. Ein beginnendes Kribbeln in den Handinnenflächen, ein leichtes Entladungszucken in den Gliedmaßen sowie das Gefühl, tief in den Boden einzusinken, bleiern schwer zu werden oder sich körperlich auszudehnen, sind Zeichen tieferer Entspannung. Es ist auch möglich, aber nicht nötig und bei bestimmten Verfahren wie dem Autogenen Training eher hinderlich, wenn Sie bei Entspannungsübungen einschlafen. Wir empfehlen Ihnen deshalb, sich einen Wecker zu stellen, sofern Sie danach noch etwas vorhaben.

Wann sollte man die Entspannungsübungen nicht anwenden?

Bei der Teilnahme am Straßenverkehr und anderen Aufgaben, die erhöhte Konzentration erfordern, besteht die Gefahr, dass Ihre Aufmerksamkeit von der Aufgabe weg auf die Entspannung hin gelenkt wird. Dies geschieht umso schneller, je automatischer Ihre Entspannungsreaktionen aufgrund des regelmäßigen Trainings ausgelöst werden. Sollten bei Ihnen die selten vorkommenden paradoxen Reaktionen wie zum Beispiel Herzrasen oder anhaltende innere Unruhe durch die Entspannungsübung auftreten, unterbrechen Sie einfach die Entspannung. Wir empfehlen Ihnen dann Entspannungsübungen unter professioneller Anleitung.

Verschiedene Entspannungsarten

Die von uns am häufigsten eingesetzten und erprobten Möglichkeiten zum Erlernen von Entspannung sind:

- Atemübungen
- Autogenes Training
- überarbeitete Formen der Muskelentspannung nach Jacobson
- Fantasiereisen

Alle entspannenden **Atemübungen** haben das wichtigste Merkmal gemeinsam: Die Ausatmungsphase wird gegenüber der Einatmungszeit deutlich verlängert. Hier eine jederzeit an jedem Ort schnell und einfach durchzuführende Übung: Tief durch die Nase in den Bauch einatmen – die Luft einen Moment lang anhalten – und dann ganz langsam durch den Mund wieder ausströmen lassen. Man kann die entspannende Wirkung noch erhöhen, indem man beim Ausatmen einen F-, S- oder Brummton macht und sich zusätzlich vorstellt, wie die Anspannung beim Ausatmen durch die Beine und Füße in den Boden sinkt.

Autogenes Training zählt zu den bestuntersuchten Entspannungsverfahren. Von dem Berliner Nervenarzt J. H. Schulz zu Beginn des letzten Jahrhunderts entwickelt, zählt das Autogene Training heute zu den medizinisch anerkannten Verfahren und kann bei Veranstaltungen der Krankenkassen, bei Volkshochschulen oder Ärzten gelernt werden. (Eine Übungs-CD zum Autogenen Training mit Musik kann bei den Autoren bestellt werden.) Autogenes Training kann als eine Form der Selbsthypnose betrachtet werden und wird in der Oberstufe auch als gestufte Aktivhypnose eingesetzt.

Die progressive **Muskelentspannung** wählt einen anderen Weg. Über eine Sensibilisierung der Wahrnehmung für die Zustände von Anspannung und Entspannung lernt der Organismus, auf eine bereits vorhandene muskuläre Anspannung automatisch mit Entspannung der Muskeln zu reagieren. Eine physiologische

Stressreaktion wird also zum Auslöser der Entspannung. Dies ist wichtig, da eine der Wirkungen des Stresshormons Adrenalin in der Voranspannung der skelettnahen Arbeitsmuskeln besteht. Geübte können sich beim Auftreten von Stress automatisch entspannen, also ohne dass sie an die Entspannung denken müssen. Die progressive Muskelentspannung ist leicht erlernbar.

Fantasiereisen bewirken dann eine Entspannung, wenn es gelingt, mit der Visualisierungskraft der Gedanken Bilder von angenehmen Erinnerungen (Strand, Wiese, Wald etc.) oder situativ konstruierten schönen Begebenheiten hervorzurufen. Auch diese Entspannungsübung kann leicht erlernt werden, indem eine Person den Text ruhig und langsam vorliest, während der/die Entspannende im Liegen die entsprechenden Bilder im Kopf entstehen lässt oder indem mithilfe von Tonträgern gearbeitet wird. Nach einiger Zeit reicht es schon, sich an diese Bilder zu erinnern, um eine physiologische Entspannungsreaktion auszulösen.

Schlafen – die reine Form der Entspannung

Ähnlich wie die meisten Menschen – zumindest bis zum ersten Herzinfarkt – für Entspannungstechniken keine Zeit haben, wird auch dem Schlaf eine nur untergeordnete Rolle beigemessen. Doch die Deutschen sind schlafkrank: Abgesehen davon, dass wir mit knapp sechseinhalb Stunden täglich eine Stunde weniger als noch vor zwanzig Jahren schlafen, klagt etwa jeder Fünfte über regelmäßige Störungen seiner Nachtruhe. Jeder Zehnte gilt gar als behandlungsbedürftig – wobei Frauen doppelt so häufig an chronisch gewordenen Ein- oder Durchschlafstörungen leiden wie Männer. Zehn Prozent der Bundesbürger greifen heute schon zu Schlafmitteln – Schlafforscher wissen aber, dass Medikamente bei Insomnien kaum helfen.

Mediziner diagnostizieren eine Insomnie, wenn die Ein- oder

Durchschlafprobleme länger als vier Wochen bestehen und Tagesmüdigkeit, Verstimmungen, Leistungs- oder Konzentrationsschwächen die Lebensqualität deutlich herabsetzen.

Rein organische Ursachen wie eine Diabetes- oder Schilddrüsenerkrankung sind bei Schlafstörungen aber die Ausnahme, auch äußere Auslöser wie Schichtarbeit oder nächtlicher Lärm gelten als eher selten. Bei sieben von zehn Patienten sind vielmehr psychische oder psychosoziale Einflüsse wie depressive Störungen, Stress, Ängste und häufig ein falscher Lebensstil für den schlechten Schlaf verantwortlich. Und in etwa zehn Prozent der Fälle macht Alkohol schlaflos. Als gute Zeitmanager sind wir auch gefordert, dem Zeit- und Rhythmusphänomen Schlaf den Platz einzuräumen, der ihm von Natur aus zusteht.

Experten schätzen, dass rund ein Sechstel aller Schlafstörungen unbehandelt bleibt. Insomnien werden besonders von Allgemeinmedizinern weiterhin unterschätzt: Sie fragen nur weniger als die Hälfte ihrer oft schlafgestörten Klientel nach deren Schlafqualität. Und nur jeder dritte schlafgestörte Patient berichtet von sich aus von seinen Problemen. Dabei können Insomnien effektiv behandelt werden: Mit modernen Schlaftherapien finden mindestens zwei von drei Schlafkranken wieder zu ihrer Nachtruhe. Bewährt haben sich besonders medikamentös unterstützte Verhaltenstherapien, die als Kurzzeittherapien mit etwa sechs Sitzungen zunehmend auch in Gruppen praktiziert werden.

Gute Behandlungschancen haben auch ältere Menschen, die für Schlafstörungen besonders anfällig sind. Nach neuen Zahlen leidet in den westlichen Industrieländern etwa ein Viertel ansonsten gesunder Senioren unter ernsteren Schlafstörungen. Kurzzeitig können Medikamente zwar helfen, langfristig wirkt allerdings eine medikamentös unterstützte Verhaltenstherapie auch bei ihnen am besten. Die Befunde des kanadischen Schlafmediziners Charles Morin sind so deutlich – zwei von drei kombiniert behandelten Schlafkranken waren auch zwei Jahre nach Therapieende beschwerdefrei –, dass die amerikanische Medizinervereinigung die Kollegen aufgefordert, bei älteren Schlafpatienten zukünftig nicht mehr allein auf Medikamente zu setzen, da die Kombitherapie zusätzlich den bei Senioren gefürchteten depressiven Störungen vorbeugt.

Von Schlafstörungen sind in den letzten Jahren zudem Kinder verstärkt betroffen. Der Psychologe Michael Schredl vom Schlaflabor des Mannheimer Zentralinstituts betont, dass die Kleinen besonders an Alpträumen leiden, die aber mit neu entwickelten verhaltens- und kunsttherapeutisch gestützten Methoden wirksam behandelt werden können. Wie neue Studien signalisieren, könnte dabei Nikotin ein bislang völlig unbeachteter Risikofaktor sein: Zwei von drei schlafgestörten Kindern stammen aus Raucherfamilien.

So schlafen Sie besser

Folgende Verhaltensregeln empfehlen die amerikanischen Medizinergesellschaft AMA und die Deutsche Gesellschaft für Schlafforschung und Schlafmedizin (DGSM) zur täglichen Schlafhygiene:

- Das Schlafzimmer und das Bett sind dem Schlaf – und der Liebe – vorbehalten: Weder fernsehen noch lesen, essen oder »melancholische Auszeiten« sind hier angebracht. Gestalten Sie darüber hinaus das Schlafzimmer angenehm und störfrei.
- Gehen Sie nur ins Bett, wenn Sie müde sind.
- Achten Sie auf einen regelmäßigen Tagesablauf (Mahlzeiten, Medikamenteneinnahme etc.) und stehen Sie täglich um die gleiche Uhrzeit auf – auch am Wochenende oder im Urlaub.
- Gewöhnen Sie sich an Entspannungsrituale, bevor Sie schlafen gehen – etwa ein Fußbad oder einen kleinen Spaziergang.
- Bewegen Sie sich regelmäßig, aber treiben Sie später als drei Stunden vor dem Schlafengehen keinen Sport mehr.
- Nehmen Sie keine koffeinhaltigen Getränke oder Nahrungsmittel später als sechs (!) Stunden vor der Bettruhe zu sich.

- Trinken Sie keinen Alkohol vor dem Schlafengehen oder wenn Sie müde sind.
- Machen Sie abends kein Nickerchen mehr. Wenn Sie sich eine »Auszeit« nehmen, dann immer tagsüber um die gleiche Zeit (dies gilt nur, falls Sie Schlafprobleme haben).
- Achten Sie auf Ihre Ernährung: Nehmen Sie keine üppigen Mahlzeiten kurz vor dem Schlafengehen zu sich. Stattdessen sollten Sie Milch trinken, denn alle Milchprodukte enthalten das schlaffördernde Tryptophan.

Und noch etwas:

- Schlaf muss nicht immer gut sein: Vereinzelte schlechte Nächte sind durchaus normal.
- Beachten Sie, dass es individuelle Unterschiede gibt: Nicht jeder muss acht Stunden schlafen, auch ein kürzerer Schlaf kann erholsam sein.
- Auch Schlaflose schlafen – selbst wer subjektiv überzeugt ist, die Nacht »wieder kein Auge zugetan« zu haben, schläft.
- Durch schlechten Schlaf sind keine lebensbedrohlichen Folgen für Herz- oder Gehirnfunktion zu befürchten.
- Experten empfehlen zudem, sich mit schlaffördernden Entspannungsmethoden vertraut zu machen und sie regelmäßig zu praktizieren; bei allen Medikamenten sollte dagegen immer ein (Schlaf-)Mediziner konsultiert werden.

Der (nach)mittägliche Powerschlaf

Das tägliche »Nickerchen« ist nicht nur ein Gesundbrunnen, sondern auch ein wahrer Kraftquell. Das wussten schon Geistesgrößen wie Leonardo da Vinci, Albert Einstein oder Thomas Mann ebenso wie Politiker vom Kaliber eines Konrad Adenauer oder Hans-Dietrich Genscher. Dennoch hat es bei uns ein schlechtes Image, sich tagsüber aufs Ohr zu legen: Das sei doch nur etwas für Kinder und Senioren, Schwache und Kranke, so jedenfalls die verbreitete Meinung.

Den Mittagsschlaf belächelten hierzulande auch Wissenschaftler lange. Doch in den letzten Jahren hat die Medizin erkannt, wie wichtig das tägliche Nickerchen für die Gesundheit ist. Wie Studien der Schlafmedizin bestätigten, kann sich der Organismus selbst bei kurzem (nach)mittäglichen Schlummer gründlich erholen und neue Kräfte entfalten: Ein regelmäßiger Mittagsschlaf, so der englische Somnologe Richard Taub, verbessert nachweislich nicht nur den allgemeinen Gesundheitszustand, sondern auch das Erinnerungsvermögen und die psychomotorische Koordinationsfähigkeit.

Der französische Schlafforscher Bruno Comby, Chef des Pariser Labors ORKOS, stellte bei regelmäßigen Mittags- oder Tagesschläfern folgende positive Veränderungen fest:

- Entwicklung eines »Hyperbewusstseins«: Man verspürt im ganzen Körper eine angenehme und intensive Vitalität.
- Verändertes Zeitempfinden: Nach dem Mittagsschlaf erlebt man einen anderen Zeitrhythmus. Er wird langsamer und dadurch intensiver. Vielen Powerschläfern, so der Pariser Forscher, »erscheint jede Sekunde ereignisreich«.
- Aufmerksamkeit: Nach einem guten Tagesschlaf sind alle Sinne geschärft.
- Gute Laune: Geübte Mittagsschläfer fühlen sich »danach« in aller Regel entspannt und voll innerer Ruhe; sie sind gleichzeitig optimistisch und kraftvoll.
- Harmonie: Viele Meister des Mittagsschlafs haben das Gefühl, »keine Probleme mehr zu haben«, und gehen freundlich auf die Menschen zu.

Ausgehend von diesen viel versprechenden Ergebnissen hat der Pariser Somnologe eine »Powerschlaf-Kur« entwickelt, da viele Menschen nicht mehr wissen, wie gut die tägliche Siesta tut. Um ein Meister des Mittagsschlafs zu werden, sollte man sich demnach folgende Schlafgewohnheiten aneignen:

- Legen Sie eine verbindliche Dauer der »Powerschlaf-Kur« fest – mindestens aber acht Tage, da der Organismus eine gewisse Zeit braucht, um seine Tagesrhythmen umzustellen.

- Bestimmen Sie den Ort und die Zeit, an denen das tägliche Nickerchen während der Kur stattfinden soll: Der beste Zeitpunkt ist der frühe Nachmittag im Anschluss an das Mittagessen. Falls dies aus beruflichen Gründen nicht möglich ist, sollte eine Zeit am späteren Nachmittag oder vor dem Abendessen festgelegt werden. Als »Kurort« kann man ein Bett, eine Hängematte oder einen Sessel wählen.
- Bestimmen Sie die ungefähre Dauer des Nickerchens. Ein gesunder Tages- oder Mittagsschlaf muss nicht zwangsläufig lang sein – für regelmäßige Powerschläfer ist häufig eine Viertelstunde ausreichend. Solange man die Technik des »Blitzschlafens« aber noch nicht beherrscht, sollten zehn Minuten keinesfalls unterschritten werden; der Schlafforscher rät zu etwa dreißig Minuten.

Comby betont, dass es verhaltenstherapeutisch wichtig ist, die täglichen Powerschlaf-Zeiten schon vorher im Kalender festzuhalten: beispielsweise »14 Uhr: 20 Minuten Schlaf im Auto« oder »17.30 Uhr: 40 Minuten Schlaf zu Hause vor dem Abendessen«.

Wer aus seinem Powerschlaf aufwacht, sollte sich darüber hinaus ein Aufwachritual aneignen:

1. Denken Sie: »Heute ist ein guter Tag.«
2. Atmen Sie bewusst durch und bewegen Sie Hände und Füße.
3. Räkeln Sie sich sanft und atmen Sie nochmals tief durch.

Wie der Somnologe Daniel Courtz zeigen konnte, benötigen Menschen mit regelmäßiger Siesta weniger Nachtschlaf. Es sei ein Mythos, so der Chef des Strassburger Instituts für Schlafforschung, dass der Mensch acht Stunden Schlaf brauche. Entscheidend sei die Qualität, nicht die Quantität.

In China genießt der Mittagsschlaf übrigens ein so hohes Ansehen, dass man ihn in der Verfassung verankert hat: Nach Artikel 49 hat somit jeder Chinese das gesetzliche Recht auf seine mittägliche Auszeit. Und auch für den Pariser Schlafexperten Comby zählt das Recht, ein Nickerchen zu halten, wenn man das

Bedürfnis danach verspürt, zum menschlichen Lebensglück: »Jeder Schlaf ist ein Kunstwerk und eine Quelle von Gesundheit, Schönheit und langem Leben.« Da die Siesta für die leibseelische Gesundheit absolut notwendig ist, geht der renommierte Wissenschaftler sogar so weit, für die westlichen Industrienationen eine »Charta des Mittagsschlafs« zu fordern.

Doch jeder kann bei sich selbst anfangen. Formulieren und befolgen Sie daher für sich und Ihr zukünftiges Zeitmanagement die goldene Regel: Tägliche eine halbe Stunde powerschlafen! Sie werden sich frisch fühlen, und dieses Wohlbefinden sowie die gewonnene innere Ruhe fördern Kreativität und Konzentrationsfähigkeit.

Wer stattdessen glaubt, Schlaf sei eine tote, unproduktive Phase, wird von Chronobiologe Jürgen Zulley eines Besseren belehrt, der überzeugt ist, dass unser Gehirn im Schlaf »Höchstleistungen« vollbringt: »Es speichert Erlerntes, löscht überflüssige Informationen und schafft Platz für neue Eindrücke. Ohne ausreichenden und regelmäßigen Schlaf können wir also unser gesamtes Selbstmanagement vergessen, dann übernimmt unser Körper das Ruder – er reagiert mit Unkonzentriertheit oder sogar Krankheit.«

Im folgenden Test können Sie klären, ob Sie Ihr Zeitmanagenement zukünftig bewusst daraufhin umgestalten müssen, eventuelle Schlafschulden auszugleichen.

Test: Haben Sie Schlafschulden?

Bei diesem qualitativen Schlaftest des amerikanischen Schlafforschers Stanley Coren gibt es keine richtigen oder falschen Antworten. Wenn Sie konzentriert und ehrlich antworten, kann er Ihnen zeigen, ob Sie genügend schlafen oder Schlafschulden angehäuft haben.

1. Brauchen Sie morgens einen lauten Wecker, um aufzuwachen?

2. Legen Sie nach dem Weckerklingeln häufig eine »Warteschleife« ein und genehmigen sich noch einige Minuten?

3. Empfinden Sie das Aufstehen als Kampf?

4. Überhören Sie manchmal den Wecker?

5. Haben Sie den Eindruck, dass ein Glas Bier oder Wein besonders schlafintensiv wirkt?

6. Schlafen Sie an Wochenenden viel länger als unter der Woche?

7. Unterscheidet sich Ihr Schlafverhalten im Urlaub oder den Ferien deutlich vom Alltag?

8. Haben Sie den Eindruck, dass Ihre normale Morgenfitness verschwunden ist?

9. Fallen Ihnen Routinetätigkeiten schwerer als früher?

10. Schlafen Sie manchmal ein, wenn Sie es gar nicht wollen?

11. Fühlen Sie sich sehr schläfrig, wenn Sie dasitzen und lesen?

12. Fühlen Sie sich manchmal sehr müde, wenn Sie fernsehen?

13. Sind Sie auf Reisen sehr müde – und schlafen Sie währenddessen?

14. Fühlen Sie sich nach einem ausgiebigen Essen sehr müde, wenn Sie keinen Alkohol getrunken haben?

15. Werden Sie schläfrig, wenn Sie im Theater oder Kino sind?

16. Fühlen Sie sich manchmal so müde, dass Sie einschlafen, wenn Sie beim Autofahren in einen Stau geraten?

17. Trinken Sie mehr als vier Tassen Kasse oder koffeinhaltigen Tee am Tag?

Auswertung

Zählen Sie Ihre Ja-Antworten zusammen. Im Einzelnen bedeuten Ihre »Schlafwerte«:

- 4 oder weniger Punkte:
  Sie schlafen genügend und haben keine Schlafschulden.

- 5 oder 6 Punkte:
  Meist finden Sie genügend Schlaf. Dennoch gibt es Tage, an denen Ihr Schlafkonto überzogen ist und Sie nicht ganz fit sind.
- 7 oder 8 Punkte:
  Sie haben spürbare Schlafmängel, manchmal kommt es auch zu kurzzeitigen Absencen, sodass die Gefahr von Unkonzentriertheit wächst und Sie ungeschickt reagieren.
- 9 bis 11 Punkte:
  Menschen mit solchen Schlafwerten haben deutliche Schlafprobleme, fühlen sich überarbeitet und ausgelaugt. Sie müssen auch darauf achten, dass sie beruflich keine Fehler machen.
- 12 bis 14 Punkte:
  Die Schlafdefizite sind groß; neben einer verminderten körperlichen Leistungs- und Konzentrationsfähigkeit fühlen Sie sich auch psychisch meist nicht gut, reagieren schlecht gelaunt oder gar depressiv.
- 15 bis 17 Punkten:
  Schlafschulden in diesem Bereich sind meist klinisch und behandlungsbedürftig. Falls Ihr Wert in einem Wiederholungstest nach wenigen Wochen nicht unter sieben Punkte gefallen ist, sollten Sie sich um professionelle, schlafmedizinische Hilfe kümmern.

Die Ruckbrücke

Langwierige Entscheidungssituationen (Grübeln) mit
einem Ruck beenden, indem man sich zu einem
bestimmten (am besten vorher festgelegten) Zeitpunkt
zu einer Handlungsoption entschließt

Ein Mann geht zum Psychiater: »Ich glaube, ich bin verrückt. Jede Nacht sehe und höre ich, wie wilde Tiere, Löwen, Tiger, Elefanten, unter meinem Bett Parade abhalten.«

Der Analytiker: »Legen Sie sich dort auf die Couch und erzählen Sie mir mehr darüber.«

Der Patient: »Moment mal. Was kostet das und wie lange dauert so eine Behandlung?«

Der Analytiker: »Eine Stunde kostet achtzig Euro. Die Behandlung dauert erst einmal achtzig Stunden. Eventuell verlängern wir um noch einmal achtzig Stunden.«

Der Patient: »So verrückt bin ich nicht.«

Nach einigen Wochen treffen sich der Analytiker und der Patient zufällig auf dem Wochenmarkt. Der Analytiker erkundigt sich nach dem Befinden.

Patient: »Hervorragend. Mein Schwager kurierte mich in weniger als einer Stunde.«

Analytiker: »Oh, Ihr Schwager ist auch Psychotherapeut?«

Patient: »Nein, Schreiner. Er sägte einfach die Beine an meinem Bett ab.«

Nicht angetrieben durch intrinsische Motivation? Keine Strategien helfen weiter? Dann muss der ultimative Ruck die Entscheidung bringen.

»Lieber ein Ende mit Schrecken als ein Schrecken ohne

Ende«, sagt eine alte Volksweisheit. Manchmal muss es einfach sein: jetzt – und nicht später. »Augen zu und durch«, meint Bänkelsänger Wolfgang Petri und beschreibt in seinem Song diese alte, aber nach wie vor wichtige Selbstüberlistungsstrategie, um einer quälenden Partnerschaft endlich durch einen Ruck ein Ende zu bereiten.

Gerade wir Deutschen sind – obwohl wir im Ausland ja oft »Rucksäcke« genannt werden – keine Entscheider. Eine jüngere Studie von Rolf Berth belegt, dass die Deutschen – grob gesagt – zu 80 Prozent Bewahrer sind und nur zu 20 Prozent Erneuerer. Alt-Bundespräsident Roman Herzog hat zwar am 26. April 1997 in der historischen Berliner Rede »den Ruck durch Deutschland« angemahnt, aber außer einem Buch (›Stimmen gegen den Stillstand‹) und der Bildung einiger Ausschüsse ist nichts Wesentliches passiert.

Wie sehr der Ruck gelegentlich vonnöten ist, um endlich einen Schlussstrich zu ziehen, zeigt nichts besser als folgende kleine Geschichte.

Der ultimative Ruck

Und da war noch dieser Manager, der mit sich und der Welt nicht mehr zufrieden war. Er kam gerade von einem Meeting mit seinem Vorgesetzten und hatte erfahren, dass der erhoffte Karrieresprung nun doch nicht stattfinden würde. Als er über seine Leistungen nachdachte, wurde ihm bewusst, dass sie in letzter Zeit tatsächlich nicht besonders vorzeigbar waren. So hatte er wichtige Kundentermine versäumt, und statt seiner einstmals genialen Entwürfe hatte er in den letzten Monaten nur noch Banalitäten produziert. Er versuchte zwar, wieder an alte Leistungen anzuknüpfen, aber nichts funktionierte richtig. Schließlich ging er zum Hauspsychologen, der als »Ideen-Doktor« einen guten Namen hatte, und bat ihn um Hilfe.

»Ich bin total ausgepowert und bringe nichts mehr«, erklärte er diesem.

»Also gut, ich werde Ihnen erst ein paar Fragen stellen, damit ich Ihr Problem einkreisen kann«, antwortete der Ideen-Doktor. »Haben Sie sich in der letzten Zeit bei einigen Projekten richtig vorgewagt und mutig irgendetwas riskiert?«

»Kaum. Nicht, dass ich wüsste«, antwortete der Manager.

»Haben Sie öfter nach dem Was- Wäre- Wenn- Wo- und-Wie gefragt, um den eigenen Horizont und Ihre Vorstellungskraft zu erweitern?«

»Leider war ich zu sehr durch das Tagesgeschäft blockiert.«

»Haben Sie wenigstens Ihre kreativen Mitarbeiter unvoreingenommen unterstützt, wenn sie mit neuen Ideen zu Ihnen kamen?«

»Ich weiß selbst, wo es klemmt und wo nicht. Dazu brauche ich keine naseweisen Mitarbeiter.«

Die Anamnese ging eine geraume Weile so weiter. Schließlich fragte der Manager neugierig: »Nun, wie lautet denn Ihre Diagnose?«

»Es gibt keinen Zweifel, Sie sind zu sehr in alten Gewohnheiten festgefahren und blockieren sich und andere, ein typischer Fall von Psychosklerose«, verkündete der Doktor. »Anfangs dachte ich, es sei bloß ein Fall von Hirnverschmutzung, dann hätte ich Ihnen nur eine Hirndusche verschreiben müssen. Aber Ihre Lage ist schon sehr, sehr ernst.«

»Was, so schlimm?«, fragte der Manager sichtlich erregt.

»Ja, Sie tragen Ihre beiden Enden verkehrt herum.«

»Wie bitte? Wie darf ich das verstehen?«

»Betrachten wir es einmal so: Der Körper des Menschen

hat zwei Enden: eines, um damit kreativ, mutig und schöpferisch tätig zu sein, und eines, um darauf zu sitzen. Solange Sie neue Ideen produzieren und kreative Lösungen suchen, bleibt Ihr kreatives Ende in guter Verfassung. Wenn Sie aber nur noch herumsitzen und tagaus, tagein nur noch die gleichen Dinge tun, sackt Ihr Hirn in die Kehrseite ab. Die Konsequenz davon ist, dass sich Ihre Enden verkehren.«

Der Manager spürte, dass der Doktor Recht hatte. »Wie konnte es dazu kommen?«, wollte er wissen.

Der Ideen-Doktor überlegte eine Weile und antwortete: »Damit sie tunlichst vermeiden, etwas Neues auszuprobieren, entwickeln einige Menschen Einstellungen zum kreativen Denken, so genannte ›defensiv routines‹, die sie in dem bestätigen, was sie schon immer getan haben, und sie bei alten Denk- und Verhaltensmustern festhalten. Diese Einstellungen sind:

Es ist nicht wichtig.

Ich habe keine Zeit.

Ich weiß die Antwort schon.

Ich bin nicht kreativ.

Solche Einstellungen und Grundmuster sind gefährlich, weil sie dazu führen können, dass Sie den Anschluss verpassen und nicht mehr wahrnehmen, was um Sie herum passiert. Wenn Sie etwa kreativem Denken und andersartigen Lösungen gegenüber gleichgültig sind, dann haben Sie nicht erkannt, dass gerade das neugierige und spontane Eingehen auf neue und vielleicht sogar ›verrückte‹ Lösungsmuster eine entscheidene Weichenstellung ist, um in einer immer komplexer werdenden und sich mit hoher Geschwindigkeit ändernden Welt zu überleben.

Wenn Sie wie der berühmte Waldarbeiter – der auf die Frage eines Spaziergängers, der ihn beim Sägen beobachtete und ihn darauf aufmerksam machte, dass er seine Säge schärfen müsste, antwortet: ›Keine Zeit, ich muss sägen‹ — weiterhin mit Ihrer rostigen Säge arbeiten und nicht verstehen oder verstehen wollen, dass Sie zuerst die Säge aus der Hand legen und sie schärfen müssen, um zukünftig schneller und effektiver voranzukommen, dann wird Ihnen nicht klar werden, dass wir das ›größere Ganze‹ im Auge behalten müssen. Wenn Sie arroganterweise glauben, dass Sie die richtigen Antworten und Strategien selber kennen und keine Tipps von Ihren Mitarbeitern brauchen, werden Sie kaum herausfinden, dass es vielleicht auch bessere und effektivere Wege geben könnte. Und falls Ihr Selbstwertgefühl gering ist — wie übrigens bei den meisten Menschen in unserer Zeit —, ist Ihnen nicht bewusst, dass Sie, so wie Sie sind, gut genug sind und Ihnen alle Ressourcen zur Verfügung stehen, um Großes und Bahnbrechendes zu leisten.«

Der Manager hörte den Ausführungen des Ideen-Doktors gebannt zu und stellte dann fest: »Was Sie mir da erzählt haben, klingt höchst plausibel. Ich bin sicher, dass genau diese Barrieren mein Denken und Verhalten während der letzten Monate und Jahre auf die eine oder andere Art und Weise beeinflusst haben.«

Nach einem kurzen Zögern fragte er: »Gibt es denn noch Hoffnung und Heilung? Gibt es irgendeine Therapie, wie ich zu meinem alten Leistungsvermögen, meiner Kreativität und Spontaneität zurückkommen könnte?«

»Möglich«, sagte der Ideen-Doktor. »Tatsächlich gibt es dafür ein probates Heilmittel schon seit Jahrhunderten.«

»Dann zögern Sie nicht. Geben Sie es mir. Koste es, was es wolle«, sagte der Manager. Der Ideen-Doktor zögerte nicht lange, ging auf ihn zu und gab ihm einen festen Tritt in den Allerwertesten. Sekundenlang war der Manager konsterniert und wie gelähmt, aber dann sprang er auf und rief aus: »Genau. Just do it. Ich gehe in mein Büro zurück und realisiere ein paar neue Ideen. Ich werde mich konsequent für das Aufbrechen von alten Regeln und Mustern einsetzen und kreative Mitarbeiter mutig unterstützen.«

Der Tritt war genau das Quentchen Anschub, das es gebraucht hatte, um die Enden des Managers wieder in die richtige Position zu bringen.

»Sehen Sie«, sagte der Ideen-Doktor, »manchmal ist die Lösung so einfach, und wir finden sie an der nächsten Ecke. Manchmal braucht es nur einen ultimativen Ruck sowie den Tritt in die Kehrseite, um die Leute dazu zu bringen, etwas Neues zu schaffen. Ich bin sehr froh, dass es bei Ihnen auch geklappt hat.«

»Danke ist wohl zu wenig«, sagte der Manager, als er ging. »Ich lass mir etwas einfallen.«

Der Ideen-Doktor schmunzelte.

Aus: Roger von Oech: Der kreative Kick. Paderborn 1994.

Handlungsanweisung:
1. Identifizieren Sie, welche Ziele nur durch »einen Ruck« erreicht werden können.
2. Schätzen Sie die Konsequenzen ab, die der Ruck mit sich bringt.
3. Dämpfen Sie den Aufprall durch kluge Vorbereitung.
4. Legen Sie genau den Termin für den Ruck fest. Jetzt – oder nie!
5. Nutzen Sie Ihre impliziten Fähigkeiten und visualisieren Sie in einem entspannten Zustand, wie Sie sich nach dem Ruck fühlen. Konzentrieren Sie sich auf die positiven Konsequenzen.
6. Jetzt starten. Mit einem Sprung über den Rubicon!

Die Lachbrücke

Humor ist das Salz des Lebens – und wer gut gesalzen ist,
bleibt länger frisch

Während man stressgeplagten Mitgliedern einer Non-Stop-Gesellschaft kaum noch erläutern muss, dass regelmäßige Entspannungsübungen zum Balancing gehören, ist die Sache mit dem Humor nicht ganz so selbstverständlich. Dabei gibt es viele Gründe, den Humor zu pflegen. Wie die weitgehend noch unbekannte Lach- und Humorforschung der Gelotologie zeigt, ist Lachen physiologisch betrachtet so etwas wie eine natürliche Entspannungsreaktion: Die Lachreaktion setzt körpereigene Endorphine (»Glückshormone«) frei, die das Immunsystem stärken, Stress abbauen und das leibseelische Allgemeinbefinden fördern.

So weiß man, dass herzhaftes Gelächter den Organismus ähnlich fördert wie ein halbstündiger Dauerlauf: Während Atmung und Durchblutung aktiviert und die Verdauung angeregt werden, wirkt Lachen gleichzeitig entspannend und mildert ebenso Atembeschwerden wie Kopf- oder Rückenschmerzen. Außerdem ist Humor nachweislich ein starkes Mittel gegen Angst und ein Antidepressivum: Er verhindert nicht nur depressive Entwicklungen, sondern hilft auch direkt gegen emotionale Verstimmungen oder Ängste. Kontrollierte Studien bestätigten wiederholt, dass sich trübe Laune in humorvollen Kontexten nicht nur aufhellt, sondern dass sich die Menschen danach auch wieder sehr viel besser fühlen.

In der Praxis des so genannten »therapeutischen Humors« orientieren sich immer mehr Therapeuten unterschiedlicher Schulen, Ärzte und Angehörige pflegender Berufe an einschlägigen Konzepten der verschiedenen »Humortechniken« – seit der amerikanische Psychotherapeut Frank Farelly in den achtziger Jahren seine humorzentrierte Provokative Therapie in der bis dato eher freudarmen Therapieszene etablierte. Mittlerweile spricht vieles dafür, dass Humor als ein übergeordneter und allgemeiner Wirkfaktor der Psychotherapie und medizinischen Behandlung verstanden werden kann – so hat sich therapeutischer Humor etwa in der Notfallmedizin ebenso bewährt wie in der Stottertherapie.

In den USA wird die Verbreitung und Schulung therapeutischen Humors im heimischen Bereich von mehreren großen Institutionen organisiert, darunter das Washingtoner Gesundheitsinstitut des »Clown-Docs« Patch Adams – dessen erfolgreichen Wirkens sich bekanntlich auch Hollywood annahm. In Europa wurde vor allem die in den neunziger Jahren gegründete Laughter Clinic in Birmingham bekannt; Lachschulen und ähnliche Einrichtungen gibt es aber auch in Indien, Japan, den Niederlanden und der Schweiz.

Therapeutischer Humor spielt darüber hinaus auch in Firmen eine zunehmend wichtigere Rolle. Seit etwa Mitte der neunziger Jahre schicken immer mehr US-Firmen ihre Mitarbeiter in Humor-Workshops oder lassen sich von Humorberatern den Weg weisen, und auch deutsche Manager beginnen, die positiven Aspekte eines humorvollen Betriebsklimas für ihre Unternehmen zu schätzen: Empirische Daten bestätigen, dass humorgeschulte Mitarbeiter in der Regel ihren alltäglichen Pflichten gelassener, kommunikativer und vor allem kreativer nachgehen als ihre Kollegen – sie werden rhythmusfähiger. Einschlägig geschulte US-Firmen arbeiten mittlerweile mit einem hauseigenen *fun committee* und schicken ihre Angestellten zur entspannenden Pause in *humor rooms*.

Auch hierzulande beginnt sich allmählich eine Humorbewegung zu etablieren: Abgesehen von privaten Lachklubs, Humorberatern in Unternehmen oder therapeutischen Clowns für Kinder in Krankenhäusern hat das therapeutische Lachen auch in Altersheimen und Sanatorien für Demenzpatienten Einzug gehalten. Der wichtigste Grund einer bewussten Humorpflege liegt in der Auffassung, dass das Leben an sich schwierig und belastend ist, voller Probleme und Krisen. Dass es aber nicht immer und ausschließlich ein Kampf ist, sondern auch andere, angenehmere und hellere Seiten hat, über die man lachen kann.

So bestätigen viele Studien, dass ein gut entwickelter Sinn für Humor belastende Lebensereignisse und stressreiche Erfahrungen positiv beeinflusst: Humorvolle Menschen können mit kritischen und schwierigen Situationen insgesamt besser umgehen, da sie ihnen letztlich nicht so sehr an Herz und Nieren gehen wie anderen. Ihre gelassen-heitere Haltung hilft ihnen auch in widrigen Lebensumständen, ihre Balance zu halten oder wiederzufinden. Menschen mit diesem Talent haben zudem gut entwickelte emotionale Fähigkeiten, die ihnen helfen, sich anderen gegenüber zu öffnen und ihre Beziehungen angenehm und förderlich zu gestalten

Für die Pflege unserer Lebensrhythmen ist Humor unverzichtbar: Ein humorloses Leben wird nie schwingen und in Balance sein können. Ohne Humor wird der Weg über die Rubicon-Brücken noch schwieriger, als er für viele sowieso schon ist.

Handlungsanweisung:

Hier einige bewährte Anregungen des Therapeuten und Lachforschers Michael Titze, wie Sie Ihren Sinn für Humor praktisch fördern können. Beginnen Sie mit jener Übung in Sachen Humor, die Ihnen intuitiv am sinnvollsten erscheint:

• **Humorstudium:** Beobachten Sie zwei Wochen lang, worüber Sie sich selbst und andere Menschen amüsieren, und formulieren Sie Ihre Beobachtungen schriftlich. Wenn Sie diese Übung konsequent durchführen, verändert sich Ihre Aufmerksamkeit und stellt sich allmählich ein »Sinn für Humor« ein: Sie werden bewusst wahrnehmen, wann, wie und worüber Sie selbst und Ihre Mitmenschen lächeln, schmunzeln, grinsen oder lachen. Achten Sie im Besonderen auch auf die

Wortwahl, den Tonfall, die Mimik und Gesten, mit denen eine komische Geschichte oder ein Witz erzählt werden.

- **Humorressourcen:** Schaffen Sie sich eine »Humorbibliothek« an und sammeln Sie alles, was Sie zum Lachen bringt: scherzhafte Sprüche, Redewendungen, Reime, Witze oder Anekdoten ebenso wie Ihre Lieblingsbücher, -videos oder -briefe. Werden Sie zum Stammkunden Ihrer eigenen Humorbibliothek, um sich ab und an richtig in Stimmung zu bringen.

- **Humorgedächtnis:** Entspannen Sie sich und vergegenwärtigen Sie sich die Situationen Ihres Lebens, in denen Sie als Kind, Jugendlicher und Erwachsener herzhaft gelacht oder besonders witzig, spielerisch und humorvoll reagiert haben. Machen Sie sich alle Facetten dieser Erlebnisse bewusst: Wie genau fühlten Sie sich damals? Was kennzeichnete die besondere Atmosphäre?

- **Humoreske Übertreibung:** Konzentrieren Sie sich auf ein nicht ganz so drängendes Problem Ihres Alltags. Beschreiben Sie zunächst ernsthaft, was Sie stört oder belastet. Versuchen Sie nun, wenn Sie beispielsweise mit Ihren schriftlichen Büroarbeiten nicht richtig vorankommen, dieses Problem maßlos zu übertreiben und zu dramatisieren – machen Sie aus einer Mücke einen Elefanten! Übertreiben Sie nicht nur mit Worten, sondern auch mimisch und gestisch so, als ob ein miserabler Schauspieler daraus eine Schmierenkomödie machte: »Die unerledigten Akten liegen vor mir wie ein Berg – wie ein Gebirge, wie der Himalaja! Ein Himalaja unbearbeiteter Akten, die auf mich einstürzen und mich erschlagen. Und wenn ich doch überleben sollte, werde ich damit auf Jahre hinaus nicht fertig – man wird mich wohl erst gar nicht in Rente gehen lassen.« Wenn Ihnen die humoristische, ironische Übertreibung bei kleinen oder mittleren Problemen hilft, etwas gelassener mit ihnen umzugehen, können Sie diese Methode auch bei ernsteren Schwierigkeiten ausprobieren.

- **Humorplanung:** Überlegen Sie, bei welchen Personen und in welchen Situationen – ob in Unterricht oder Büroalltag, Management oder Verkauf – Sie durch eine lockere Bemerkung oder eine humoristische Sichtweise die Beziehung verbessern oder Probleme leichter lösen könnten. Achten Sie darauf, dass der Humor auf einer konstruktiven, wohlwollenden Einstellung beruht: Wenn Sie ärgerlich oder gereizt sind, können humorvoll gemeinte Äußerungen schnell zynisch oder sarkastisch klingen und die soziale Beziehung verschlechtern. Achten Sie auf das verbale und nonverbale Feedback Ihres Gesprächspartners, wenn Sie eine humorvolle oder ironische Bemerkung machen.

- **Humorgruppen:** Da Humor und Lachen soziale Phänomene sind, können sie am besten im Rahmen einer »Humorgruppe« gefördert werden. In guten Humorseminaren und Kursen über therapeutischen Humor oder paradoxe Therapiemethoden können Sie durch eigene Übungen und am Vorbild des Kursleiters einschlägige Erfahrungen sammeln – und wenn er schlecht ist, lernen Sie zumindest, wie man es nicht machen sollte.

Da gerade beim Humor gilt, nicht immer alles allzu ernst zu nehmen, sollten Sie sich auch gelegentliche Fehler zugestehen: Obwohl Lachen oder Humor in vielen Situationen tatsächlich die beste Medizin ist, versagt auch diese Arznei manchmal – oder hat Nebenwirkungen.

Epilog
Die Dinge sind nicht immer,
was sie zu sein scheinen

Die Dinge sind nicht immer das, was sie zu sein scheinen, wie Konstruktivisten wissen: Wir hören nicht nur, was wir hören wollen – wir lesen und erkennen auch nur das, was wir erkennen wollen. »Der Leser hat es gut: Er kann sich seine Schriftsteller aussuchen«, meinte Tucholsky. Das sollte auch für unser Rubicon-Prinzip gelten.

Über den persönlichen Rubicon kommen! In diesem metaphorischen Sinne möchten wir dem Leser folgende abschließende und öffnende Geschichte mit auf den Weg geben:

Zwei reisende Engel machten Halt, um die Nacht im Hause einer wohlhabenden Familie zu verbringen. Die Familie war unhöflich und verweigerte den Engeln, im Gästezimmer des Haupthauses auszuruhen. Stattdessen bekamen sie einen kleinen Platz im kalten Keller. Als sie sich auf dem harten Boden ausstreckten, sah der ältere Engel ein Loch in der Wand und reparierte es. Als der jüngere Engel fragte, warum, antwortete der ältere Engel: »Die Dinge sind nicht immer das, was sie zu sein scheinen.«

In der nächsten Nacht rasteten die beiden im Haus eines sehr armen, aber gastfreundlichen Bauern und seiner Frau. Nachdem sie das wenige Essen, das sie hatten, mit ihnen geteilt hatten, ließen sie die Engel in ihrem Bett schlafen, wo sie gut schliefen. Als die Sonne am nächsten Tag den Himmel erklomm, fanden die Engel den Bauern und seine Frau in Tränen. Ihre einzige Kuh, deren Milch ihr alleiniges Einkommen gewesen war, lag tot auf dem Feld.

Der jüngere Engel wurde wütend und fragte den älteren Engel, wie er das habe geschehen lassen können? »Der erste Mann hatte alles, trotzdem halfst du ihm«, meinte er anklagend. »Die zweite Familie hatte wenig, und du ließest die Kuh sterben.«

»Die Dinge sind nicht immer das, was sie zu sein scheinen«, sagte der ältere Engel.

»Als wir im kalten Keller des Haupthauses ruhten, bemerkte ich, dass Gold in diesem Loch in der Wand steckte. Weil der Eigentümer so von Gier besessen war und sein glückliches Schicksal nicht teilen wollte, versiegelte ich die Wand, sodass er es nicht finden wird. Als wir dann in der zweiten Nacht im Bett des Bauern schliefen, kam der Engel des Todes, um seine Frau zu holen. Ich gab ihm die Kuh stattdessen.«

Aus: Arbeitspapiere der TAM Trainer-Akademie-München

ANHANG

Vertiefende Anmerkungen

Zu »Prolog«

Die im Text auf Caesar bezogene Metaphorik reflektiert trotz historischer Quellen eine sehr stark projektbezogene Sichtweise. Ähnlich wie der Leiter des Max-Planck-Instituts für Hirnforschung, Wolf Singer, anlässlich einer großen Historikertagung konstatierte, dass der Gegenstand, mit dem sich die anwesenden Historiker beschäftigten, aus Sicht der Hirnforschung nichts anderes als »datengestützte Erfindung« sei. So verstanden, benutzen wir die Projektion Caesars und des Rubicons als Teil einer für uns nützlichen »Erfindung«. In einer kritischen Perspektive kann man Caesar durchaus als unnachgiebigen Diktator betrachten, der zur Durchsetzung seiner egoistischen Ziele einen blutigen Bürgerkrieg anzettelte.

Zu »Einführung«

Wie sehr wir gerade in Deutschland dringender denn je einen neuen Handlungsoptimismus benötigen, zeigt der Artikel von Alfons Kaiser in der ›Frankfurter Allgemeinen Zeitung‹ vom 31.12.2002, Nr. 303, S. 1:

»Halb leer, halb voll

Eine Stimmung der Resignation liegt über dem Land, Lustlosigkeit bis hin zur Apathie. In der Wirtschaft herrscht Antriebslosigkeit; selbst das Weihnachtsgeschäft war flau und die Börsianer haben nicht einmal eine schöne Jahresendralley hinbekommen. In der Politik herrscht Orientierungslosigkeit: Über die Abgeltungssteuer samt Steuersünderamnestie freut sich das ganze

Land, als ob das schon die große Lösung wäre. Und in der Gesellschaft herrscht hoffnungsarmer, skeptischer Verdruss: Warum sollen ausgerechnet wir Steuern und Abgaben zahlen, wenn nichts für uns dabei herausspringt? Die Krisenstimmung schlägt deshalb so unerbittlich zu, weil sie den Jahren fröhlichen Wachstums ein Ende setzt. Das annus horribilis der Deutschen geht nun immerhin zu Ende. Vielleicht müssen wir uns den bitteren Scherz der Argentinier zu eigen machen: Es geht uns schlechter als gestern, aber besser als morgen.

Und dennoch: Krise? Welche Krise? Vielleicht sind die Abende zwischen den Jahren dazu genutzt worden, um Eltern und Großeltern zu fragen, was man früher unter einer Krise verstanden hatte. Man konnte unglaubliche Geschichten hören: wie man durch den Krieg kam, die Gefangenschaft überlebte, den Hunger der Nachkriegszeit überstand, mit eigenen Händen die Universität aufbaute, an der man studieren wollte, oder wie man eben nicht studierte, weil man kein Geld hatte und nach der Volksschule an der Werkbank stehen musste. Die Erzählungen unterm Weihnachtsbaum sollten nicht die Sehnsucht nach der guten alten schlechten Zeit stillen. Aber sie könnten uns darüber belehren, wie stark der Wohlstandszynismus inzwischen ausgeprägt ist: Über die schlechte Lage in der Heimat beschweren sich in der milden Sonne der Kanarischen Inseln heute deutsche Winterurlauber, deren Eltern noch vor einem halben Jahrhundert mit dem Fahrrad aus Dortmund ins Münsterland fuhren, um sich bei den Bauern ein paar Kartoffeln zu erbetteln. ›Blut, Mühsal, Tränen und Schweiß‹ Man kann den Aufstiegswillen einer leidgeprüften nicht in einer verwöhnten Generation wiederbeleben. Aber es ist doch erstaunlich, mit wie wenig Begeisterung man großen Herausforderungen begegnet, wie schwach die gesellschaftlichen Krisenreaktionskräfte sind. Als London vor den schwersten Jahren seiner Geschichte stand, sagte Churchill in seiner berühmten Unterhausrede vom Mai 1940, dass er dem Volk nichts als ›Blut, Mühsal, Tränen und

Schweiß‹ zu bieten habe. Als der New Yorker Bürgermeister Giuliani in der Nacht vom 11. auf den 12. September 2001 nach einem langen Tag nach Hause kam, suchte er Rat bei Churchill und er verordnete seiner Stadt in den nächsten Wochen bedingungslosen Optimismus. Als der gerade wiedergewählte Bundeskanzler Schröder Ende Oktober seine Regierungserklärung abgab, redete er davon, das Gesundheitswesen und die Altersversorgung nach dem Muster der Hartz-Kommission bearbeiten zu wollen – jener Kommission, die sich durch Wortschöpfungen wie ›Job-Floater‹ zum Gespött gemacht hatte und deren Maßnahmenpaket, ob eins zu eins oder eins zu einhalb verwirklicht, auch im neuen Jahr nichts grundsätzlich ändern wird. Jetzt immerhin (von China aus!) hat er von der Notwendigkeit eines Mentalitätswechsels gesprochen und davon, dass das Land am Beginn eines ›harten Weges‹ stehe.   .

Freilich: Je besser es den Deutschen geht, desto schlechter scheinen sie Rückschläge zu verkraften. Damit ist nicht nur die Regierung gemeint, die Altlasten zu tragen hat: An der ›Basis‹ macht sich eine kaum mehr zu ertragende Larmoyanz breit. Man besingt im ›Steuersong‹ einen raffgierigen Kanzler, als ob der das Geld auf die eigene hohe Kante legen wollte. Man kritisiert Politiker, als ob sie moralisch verwerflicher handelten als die Bevölkerung, die fröhlich in den ›Steuersong‹ einstimmt und nebenher der Schwarzarbeit frönt, ganz gerne Steuern hinterzieht und sich dann auch noch über die hohen Abgaben beschwert. Man stellt den Staat als ein Monstrum dar, als ob er nicht ein übergewichtiger Riese wäre, der nicht erlegt, sondern dringend auf Diät gesetzt werden muss. Man verniedlicht, was der Staat leistet, und überhöht, was man selbst dafür tut. Schlimmer noch: Fast jeder fragt sich, was sein Land für ihn tun kann. Fragt sich noch irgendeiner, was er für andere, gar das Land tun kann?

Weniger Kinder, mehr Rentner Die Zahlen sprechen eine deutliche Sprache. Die Schwarzarbeit nimmt zu, die Arbeitslosigkeit wird in nächster Zeit nicht wirklich sinken, die Gesundheitskosten wachsen, die Rentner werden mehr, die Kinder weniger. Die Solidargemeinschaft wackelt und deshalb wird der Staat viel stärker sparen, werden die Steuer- und Beitragszahler mehr bezahlen müssen. Ist das schlimm? Vermutlich ist das gar nicht die Frage: Es ist einfach so. Man weiß nicht, welcher Politiker eines Tages den Mut findet, solche Dinge und andere Wahrheiten ganz offen auszusprechen. Man ahnt aber, dass er mehr Zustimmung finden wird als all die verzagten Zauderer. Opfer zu bringen, dazu sind viele bereit, wenn die Lage nur klar genug zutage tritt. Es geht nicht um Leben oder Tod. Man wird auch nicht um Kartoffeln betteln müssen. Aber an Ferien in Deutschland darf man sich ruhig wieder gewöhnen, an teurere Medikamente, weniger Freizeit, geringere Rente, längere Lebensarbeitszeit, geringeres Arbeitslosengeld und ein Einkommen, das eben nicht mehr in Jahresringen wächst wie der Speckgürtel um die Hüfte. Und das alles ohne Wehklagen? Ja! So optimistisch, mobil und veränderungsfreudig wie die Amerikaner werden wir in der Alten Welt zwar nie werden. Aber auf der Innovationskraft und dem Ausbildungsniveau in Deutschland lässt sich aufbauen. Den klaren Blick auf die Tatsachen muss man noch lernen. Und wenn zu all dem noch etwas Reformmut, Pioniergeist und Unverzagtheit träten, müsste doch die Zukunft zu gewinnen und das Lamento zu überstimmen sein. Auf diese zugegeben vage Hoffnung werden heute an Silvester viele nur mit einem halb leeren Sektglas anstoßen wollen. Warum sollte man sich nicht einfach darauf einigen, dass man das auch mit einem halb vollen kann?«

Zu »Das Rubicon-Prinzip«

Heckhausens Rubikonmodell der Handlungsphasen in der Volitions- und Handlungsforschung wird in unserem Rubicon-Prinzip weder exakt abgelichtet noch weiterentwickelt. Zur Vertiefung der Theorie Heckhausens sei hier kurz eine Zusammenfassung skizziert. Eine ausführliche Darstellung finden Sie in der Literatur bei Heckhausen (1989) und in dem Band ›Motivation, Volition und Handlung‹ (Kuhl/Heckhausen 1996).

Das Rubikonmodell verbindet den Ablauf von der ersten Wunschregung bis zur Bildung einer Handlungsabsicht. Im Wesentlichen wird aber zwischen motivationalen und volitionalen Prozessen unterschieden. Bei der motivationalen Phase geht es um Wünschbarkeit und Realisierbarkeit von möglichen Handlungszielen. Motivationsprozesse sollten realitätsorientiert sein, es gilt Folgen abzuwägen, Fähigkeiten abzuschätzen usw. Motivationale und volitionale Gedanken sind durch drei Dinge charakterisiert: durch ihren Inhalt, durch die Aufnahme, durch die Bearbeitung.

Zu »Die Rubicon-Theorie«

1. Quellfluss: Metaphorik

Mehr zu diesem Thema finden Sie in unserem Buch ›Metaphoring‹. Hier eine Kurzbeschreibung:

Der rasante Strukturwandel beschert uns eine immer komplexer werdende (Wirtschafts-)Welt, die wir mit dem herkömmlichen logisch-linearen Denken und der kausalen Aneinanderreihung von Fakten kaum noch begreifen können. Mit dem »metaphorischen Denken« entwickeln wir einen völlig neuen methodischen Ansatz, Komplexität zu bewältigen: Metaphoring verbindet bildhaft-symbolische (= imaginative) mit gedanklich-sprachlichen (= rationalen) Prozessen und öffnet damit die vergessene Dimension der Gefühle. Die Metapher übernimmt Funktionen der Weltorientierung, wo das logische Denken nicht hinreicht. Durch Metaphoring werden Geist, Kopf, Herz und Bauch gleichermaßen in unternehmerisches Denken und Handeln einbezogen. Neben methodischen Anleitungen zur Erlernung dieses neuen Business-Tools liefert das Buch viele im Unternehmensalltag taugliche Übungen und wird damit zum praktischen Arbeitsbuch.

Die Autoren veranstalten auch Seminare zu diesem Thema. Mehr unter *www.metaphoring.de* im Internet.

2. Quellfluss: Hirnforschung

Einen sehr schönen, verständlichen Einstieg in die Thematik finden Sie in dem Vortragsband der Tagung ›Envisioning Knowledge‹ der Burda-Akademie. Die ›Süddeutsche Zeitung‹ (vom 9. 9. 2000) schreibt dazu:

»Der Band sammelt die Beiträge einer 1999 unter dem Titel ›Envisioning Knowledge‹ abgehaltenen Tagung. Insgesamt, stellt der Rezensent Beat Mazenauer fest, sind alle Autoren – mit Ausnahme W. J. T. Mitchells – überaus optimistisch, was die zukünftige Wissensgesellschaft angeht. Eine Rückbesinnung auf den Menschen, auf das Individuum, werde stattfinden, dem neue Formen von ›Wissensmanagement‹ zur neuen Aufgabe werden. ›Anschaulich‹, so Mazenauer, beschreiben die versammelten Neurophysiologen, wie Wissen ebenso wie Bewusstsein aus den ›Interaktionen zwischen dem Ich und seiner Umwelt‹ entstehen. Ein lesenswerter Band, so der Rezensent, den freilich ›ein paar Zweifel mehr und ein paar Gewissheiten weniger‹ noch interessanter gemacht hätten.«

Nähere Informationen zum Thema »Lernen mit erlebnisorientierter Vorgehensweise« können Sie bei den Autoren anfordern oder unter *www.trainer-akademie.de* einsehen.

3. Quellfluss: Volitions- und Handlungsforschung

Der lange vernachlässigte Willensbegriff wurde im letzten Jahrzehnt in einigen Humanwissenschaften, vor allem in der Psychologie und der Hirnphysiologie, neu aufgegriffen und weiter bearbeitet. Besonders das Bilden von Absichten und ein vornahmegeleitetes Handeln wurden weiter untersucht. Siehe auch die

Publikationen von Heckhausen (1989) und Kuhl/Heckhausen (1996).

4. Quellfluss: Gelotologie

Wie ernst gelegentlich der Humor genommen wird und wie ernsthaft darüber geforscht wird, hat Andreas Heller in einem lesenswerten Artikel in der ›Neuen Zürcher Zeitung‹ (NZZ-Folio, 03/2002) skizziert, der gleichzeitig die wichtigsten Vertreter dieser jungen Disziplin vorstellt.

»Ein Besuch der 21. Internationalen Humorkonferenz in Italien belegt: Die Wissenschaft des Humors ist eine ernste Sache

Noch spannt sich kein Lachmuskel, kein zygomaticus maior, kein orbicularis oculi. Im Plenarsaal des Kongresszentrums von Bertinoro herrscht eine Backofenhitze, sodass es das Publikum kaum mehr auf den Plastikstühlen aushält. Nervös werkelt der Mechaniker an der Klimaanlage, die heizt statt kühlt. Christie Davis tupft sich die Schweißperlen von der Stirn und seufzt: ›Oh, diese Italiener.‹

Christie Davis kennt die Italiener und noch besser kennt sie die Witze, die über die Italiener gemacht werden. Hunderte von Italienerwitzen hat die Soziologin von der University of Reading in England gesammelt, kategorisiert und analysiert, in Großbritannien, Frankreich und Kanada. Sie hat das getan mit wissenschaftlicher Akribie und sie kam dabei zu dem Schluss: Italienerwitze sagen mehr über die Urheber aus als über das Volk, das dabei auf die Schippe genommen wird. Nun aber regen sich bei Christie Davis leise Zweifel: Ist an jenem Witz vielleicht doch etwas dran, der besagt, dass die Hölle immer dort ist, wo die Italiener für die Organisation zuständig sind?

Bertinoro ist ein malerisches Dörfchen in den Hügeln der südlichen Emilia-Romagna, ein kleines Arkadien und Schauplatz der 21. Internationalen Humorkonferenz, die gleichzeitig die 14. Konferenz der International Society for Humor Studies ist.

170 Wissenschafter aus aller Welt versuchen hier gemeinsam der menschlichsten aller Regungen auf die Spur zu kommen: Warum hat der Mensch Humor? Wer hat wie viel davon? Wie lässt er sich nutzen? Auf dem Programm stehen Analysen des Komischen im Werk von Oscar Wilde und Cervantes, Fallstudien zur Ästhetik von schmutzigen Witzen, Seminare über den Humor der alten Römer, über das Lachen von Vater Abraham und zur Heiterkeit unter Japanern.

Das dürfte lustig werden – dachte ich. Aber auch nachdem die Klimaanlage mit einem müden Säuseln ihren Dienst endlich aufgenommen hat, herrscht in der zum Kongresszentrum umgebauten Festung eine lähmende Hitze. Der Plenarsaal ist verdunkelt worden und vorne auf dem Podium steht nun Willibald Ruch, Professor für Psychologie an der Universität Zürich und Präsident der Humorforscher-Gesellschaft. Ruch – Karl-Marx-Rauschebart, hellblaues Freizeithemd, leicht verschwitzt – wirkt auf den ersten Blick jovial, ein Mann jedenfalls, dem man das eine oder andere Späßchen zutraute. Die geballte Ladung von Statistiken und Säulengrafiken, die er präsentiert, lehrt jedoch: Humorforschung ist eine ernsthafte Angelegenheit.

Humorforschung wird von Psychologen, Linguisten, Soziologen, Pädagogen, Anthropologen, Neuropsychologen und Vertretern vieler anderer Wissenschaftszweige betrieben. Entsprechend anspruchsvoll, ja verwirrlich ist der Diskurs. Hinzu kommt, dass Humor je nach Kulturkreis unterschiedliche Bedeutungen hat. Die angelsächsische Tradition fasst den Begriff relativ eng und orientiert sich am ›tatsächlich Witzigen‹. Humor ist hier mehr oder weniger ein Sammelbegriff für alles Komische. Für die Kontinentaleuropäer dagegen meint Humor in erster Linie eine positive Lebenseinstellung. Oder, wie es der Professor sagt: ›Humor ist ein persönlichkeitsbedingter kognitiv-emotionaler Stil der Verarbeitung von Situationen beziehungsweise des Lebens, der Welt im Allgemeinen, welcher charakterisiert ist durch die Fähigkeit, auch negativen Situationen wie Gefahren oder Bedrohungen positive Seiten abzugewinnen, sich nicht aus der Ruhe bringen zu lassen, ja sogar darüber lächeln zu können, das heißt zumindest ansatzweise mit Erheiterung zu reagieren.‹ Alles klar?

Als Österreicher gehört Ruch zur kontinentaleuropäischen Fraktion. Er ist außerdem Psychologe und als solcher, sagt er später unter vier Augen, hält er nicht viel von den Linguisten, die vor allem in Amerika in der Humorforschung tonangebend sind. Was ihn interessiere, sagt er, sei weniger der Witz als solcher, sondern wie der Mensch auf den Witz reagiere.

Seit bald zwanzig Jahren geht der Professor dieser Frage nach. Über siebzig Arbeiten mit Titeln wie ›Die Emotion Erheiterung‹ oder ›Diagnose des Humors – Humor als Diagnostikum‹ hat er bereits publiziert und er entwickelte einen Witztest, mit dem er den Zusammenhang zwischen Witzpräferenzen und Persönlichkeit untersuchte. Er konfrontierte Testpersonen mit Witzen dreier Kategorien: mit Nonsens-, Sex- und Inkongruenzlösungs-Witzen, das sind Witze nach dem Strickmuster von Blondinen- und Elefantenwitzen, die die Erwartungen der Zuhörer brechen.

Gleichzeitig befragte er die Versuchsteilnehmer zu ihrer persönlichen Einstellung, etwa gegenüber Ausländern, er verlangte Auskunft über ihr Sexualleben und testete ihr ästhetisches Empfinden. Das Resultat: Konservative Menschen, die zu Hause einen röhrenden Hirsch an der Wand hängen haben, lieben Blondinenwitze. Nonsenswitze à la Gernhardt bringen dagegen die Progressiven und Intellektuellen zum Lachen. Außerdem zeigte die Studie, dass Sigmund Freud irrte, wenn er meinte, dass in Sexwitzen vor allem Keusche und Verklemmte ihren unterdrückten Trieb auslebten. Menschen, die Sexwitze lustig finden, sind vielmehr überdurchschnittlich sexuell aktiv.

Studien, bei denen Testpersonen auf einer Skala einzeichnen, welche Witze ihnen gefallen und welche nicht, gehören zum Standardrepertoire der psychologischen Humorforschung. Aber es gibt noch viele andere Wege, um den Geheimnissen des Humors auf die Spur zu kommen. Sozialpsychologen versuchen zum Beispiel herauszufinden, ob man in einem Theater einen Witz gleich lustig findet wie zu Hause allein vor dem Fernseher. Emotionspsychologen filmen Menschen, die sich einen lustigen Film anschauen, vermessen ihr Gesicht und analysieren, wann genau welcher Lachmuskel zuckt. Und manchmal werden Versuchspersonen gar in einen Computertomographen gesteckt, wo man ihnen lustige und weniger lustige Cartoons zeigt und dann schaut, in welcher Hirnregion Lustiges und weniger Lustiges verarbeitet wird. Anders gehen die Sprachwissenschaftler ans Werk. Sie erstellen ästhetische Klassifizierungen von Witzen, analysieren Dialoge und Pointen. Und dann gibt es noch die Methoden der Pädagogen und Soziologen, der Philologen und Philosophen. All das macht die Humorforschung zu einer großen Spielwiese, auf der alle möglichen Steckenpferde geritten werden.

Tsung-chin Chang von der Dah-Yeh University in Taiwan untersuchte den Stellenwert von Humor am Arbeitsplatz für Taiwanesen, Chinesen und Vietnamesen. Sie fragte Angestellte, wie oft sie in der Gegenwart von Vorgesetzten, Gleichgestellten oder Untergebenen einen Witz erzählten. Die Auswertung förderte auf zwei Stellen nach dem Komma genau zutage, dass Taiwanesen während der Arbeit öfter Witze machen als Chinesen und Vietnamesen und dass sich humorvolle Angestellte in allen drei Ländern eher humorvolle Vorgesetzte wünschen als humorlose.

Willie van Peer von der Universität München wollte herausfinden, ob Frauen sexistische Witze wirklich als diskriminierend empfinden. Also ließ er 25 Studentinnen sexistische Witze aus drei Kategorien erzählen: Witze, in denen die Frau als Sexobjekt dargestellt wird, Witze, in denen sie das Dummchen ist, und Witze, die mit einer Abhängigkeit vom Mann operieren. Außerdem variierte der Forscher das soziale Umfeld: Die Witze wurden einmal in einer von Männern beziehungsweise von Frauen dominierten Gruppe erzählt, ein anderes Mal in einer gemischtgeschlechtlichen. Das Ergebnis: In Männergruppen empfinden Frauen sexistische Witze als besonders diskriminierend, und am negativsten reagieren Frauen auf jene Kategorie Witze, in denen sie als dumm hingestellt werden.

Paavo Kerkkänen von der University of Joensuu in Finnland machte eine Untersuchung zum Thema ›Sinn für Humor und Wohlbefinden bei finnischen Polizeioffizieren‹. Er befragte in einem Intervall von drei Jahren Polizisten, wie humorvoll sie seien, wie es um ihr Wohlbefinden stehe, und nahm außerdem Messungen von Blutdruck und Cholesterinspiegel vor. Resultat: Humorvolle Polizisten haben eine bessere Gesundheit, sind allerdings auch beleibter.

Don L. F. Nilsen von der Arizona State University, Gründungsmitglied und Sekretär der International Society for Humor Studies, ist sich bewusst, dass sich über die Relevanz der einen oder anderen Studie streiten lässt, aber er ist der Meinung, der Kongress solle die ganze Bandbreite der Humorforschung abdecken. Mit seiner Frau Alleen hat er die ›Encyclopedia of 20th Century American Humor‹ verfasst, in der alles aufgeführt ist, was Amerikaner zum Lachen bringt, vom Film über Cartoons bis hin zu Clowns; er gilt als passionierter Sammler von Humoristischem aller Art.

Nilsen trägt eine knallrote Krawatte mit aufgedruckten Comicfiguren und findet, dass es an einem Humorkongress durchaus auch lustig zu- und hergehen dürfe. ›Unser Interesse an Humor ist zwar ein primär wissenschaftliches‹, stellt er klar, ›was allerdings nicht heißen soll, dass wir nicht ab und zu über einen Witz auch lachen können.‹ Der richtige Ort dazu sei – zuerst die Arbeit, dann das Vergnügen – allerdings eher das Rahmenprogramm.

Es wird bestritten vom Literaturnobelpreisträger Dario Fo, dem Großmeister italienischer Burlesken, dem es mit virtuosen Monologen und grandioser Mimik gelingt, sogar dem analytisch-kritischsten Humorforscher ein Lachen zu entlocken. Das Weitere besorgt das Bankett am Abend sowie der Rotwein, der reichlich fließt.

In einer derart gelockerten Tafelrunde treffe ich Paul Schulten, Spezialist für Humor in der Antike an der Erasmus-Universität in Rotterdam. Ich packe die Gelegenheit beim Schopf und möchte von ihm wissen, worüber denn die alten Römer gelacht haben. Nun ja, meint der Wissenschaftler und hebt die Augenbrauen, sein Forschungsgebiet seien eigentlich eher politische Anspielungen, die man nur verstehe, wenn man mit den politischen Verhältnissen vertraut sei, auch seien die gewöhnlichen Witze aus heutiger Optik überhaupt nicht lustig, weil zu plump. Aber dann erzählt er doch einen Römerwitz: ›Ein Kind geht im Meer baden und ertrinkt dabei beinahe. Ganz erschreckt kehrt es zur Mutter zurück und sagt: Das nächste Mal gehe ich erst wieder schwimmen, wenn ich's kann.‹ – Über solche Witze, sagt Schulten, könnten heute nur noch die Japaner lachen. Und die hätten eben einen ganz speziellen Humor.

Bevor ich den Witz wieder vergesse, erzähle ich ihn zwei Japanern, Goh Abe von der Tokushima Bunri University, der am Kongress über japanische Lachfestivals referiert, und Asumi Muramatsu aus Yokohama, Spezialistin für Probleme beim Übersetzen koreanischer und chinesischer Witze ins Japanische. Die beiden finden ihn zwar auch nicht lustig, erzählen mir im Gegenzug aber einen japanischen Witz: ›Ein rohes Ei im heißen Regen – es verbrennt.‹

Die beiden Japaner schütteln sich vor Lachen und ich weiß zuerst nicht recht, ob über meine ratlose Miene oder über diesen seltsamen Witz. Nicht der Inhalt sei dabei entscheidend, sondern der Reim, behaupten sie – und der sei einfach umwerfend komisch, jedenfalls in Japanisch.

Nach zwei Tagen Humorforschung erscheint mir das Komische unergründlicher denn je, jedenfalls weitaus komplexer als das Tragische, bei dem es meist um so banale Dinge geht wie Liebe, Verrat oder Tod – Dinge, die wiederum Anlass für Komisches sein können.

Die Linguisten Victor Raskin von der Purdue University,

Larry Mintz von der University of Maryland und Paul Lewis von der Boston State University, alle drei in den USA, sind die Urgesteine der Internationalen Gesellschaft für Humorforschung. Sie haben nach Witzen gesucht, die ihren Ursprung in einem tragischen Ereignis haben. Ihr Workshop trägt den Titel ›Humor und Terrorismus‹. Es geht um ›nine-eleven‹, ein Thema, das, so Victor Raskin, auch für die Humorforschung ein Top-Ereignis darstellte: Nie zuvor hätten Entstehung und globale Verbreitung von Witzen derart genau studiert werden können.

Kurz nachdem die Flugzeuge in die Twin Towers und ins Pentagon gerast waren, machte sich Raskin, Herausgeber der Fachzeitschrift ›Humor‹, im Internet auf die Suche nach den ersten Witzen zu diesem Vorfall. Dreißig Stunden später wurde er fündig: ›Der neue Slogan von American Airlines: Wir fliegen Sie direkt ins Büro.‹ Als dann einige Zeit später die Terrororganisation Kaida als Urheberin des Attentats in Frage kam, tauchten die ersten Bin-Ladin-Witze auf. Mehrere hundert Witze über den Anschlag hat der Forscher in den Monaten danach gesammelt, und die meisten, so hat er festgestellt, seien ziemlich intelligent.

Humor, das zeigt der Workshop, ist ein beliebtes Mittel, um mit schrecklichen Ereignissen fertig zu werden. Der Feind kann dabei zum Beispiel domestiziert werden, wie Usama bin Ladin, der in Cartoons als Weihnachtsmann auftritt oder als Fred Feuerstein, der bekanntlich wie der Kaida-Führer in einer Höhle lebt. Die Bin-Ladin-Witze gingen um die Welt, wurden dabei leicht verändert und national eingefärbt. So taucht etwa in italienischen Versionen immer wieder Berlusconi auf, obschon der auf der Weltbühne der Politik ja nicht gerade viel zu sagen hat.

David A. O'Mara, ein glatzköpfiger junger Schotte, hat den Vorträgen der Kollegen gelauscht und sich dabei seine Meinung gemacht. Er findet viele der Studien, selbst wenn sie einen durchaus realen Ausgangspunkt haben, ›doch sehr theoretisch‹. Selber eher Praktiker, interessieren ihn vor allem die konkreten

Möglichkeiten, Humor und Lachen in der Therapie oder der Krankenpflege anzuwenden.

O'Mara arbeitet in Dundee an einem Pilotprojekt mit gehörlosen Kindern, denen mittels Computer ermöglicht wird, die Welt des verbalen Humors kennen zu lernen. ›Verbaler Humor ist die Sprache des Spielplatzes‹, meint er, ›und somit für die Persönlichkeitsentwicklung und Sozialisation der Kinder unerlässlich.‹

Wer wie O'Mara als Humorforscher in der Therapie tätig ist, weiß um die rundum wohltuende Wirkung von Lachen. In der Veranstaltungsreihe ›Intervention Studies of Humor‹ geht es deshalb vergleichsweise locker zu und her. German Payo Losa aus Salamanca in Spanien macht Experimente mit Humor als Mittel zur Konfliktlösung an Schulen und fordert die Zuhörer als Erstes auf, sich auf verschiedene Arten zu begrüßen: einmal zurückhaltend, einmal mürrisch, ein andermal überschwänglich. Was zu beweisen war: Man kann dasselbe auf verschiedene Weise sagen. In der Schule, so der spanische Pädagoge, gehe es auch darum zu lernen, Konflikte zu lösen – im besten Fall mit Humor und Schlagfertigkeit.

Lachen ist eine kreative Kraft – das predigt auch die Organisation LACH. Die Liga to Activate Creativity and Humour aus Belgien hat das Hopla-Programm entwickelt, das jedem ermöglichen soll, mehr zu lachen und selber witziger zu werden. Gerard Aerts benutzt dazu Techniken des Straßentheaters, und mit seinen Faxen und Sketches gelingt es ihm ebenfalls, dem Kongresspublikum den einen oder anderen Lacher zu entlocken.

Humorforscher, sofern die Verallgemeinerung zulässig ist, haben sehr wohl Humor, wenn auch vielleicht einen etwas speziellen. Keinen Spaß verstehen sie jedoch, wenn man ihre wissenschaftliche Seriosität in Zweifel zieht. Willibald Ruch bedauert, dass vor allem in Kontinentaleuropa, zumal in Deutschland, Bedeutung und Nutzen der Humorforschung noch nicht richtig erfasst worden seien. Anders in Amerika, wo im Rahmen der Positiven Psychologie der Stellenwert der Humorforschung weitherum anerkannt sei.

Was ihn dort wiederum ärgert, sind ›selbst ernannte Experten‹, die aus diesem Trend Kapital schlagen wollen, so etwa der Psychologieprofessor Robert R. Provine von der University of Maryland, der im vorliegenden Folio auf Seite 22 über die Natur des Lachens schreibt und mit dem er das Heu gar nicht auf derselben Bühne hat. Oder der Engländer Richard Wiseman von der University of Hertfordshire mit seinem Lachlabor, dieser Scharlatan, der ja nicht einmal Professor sei.

Mit einer Internet-Umfrage versuchte Wiseman den lustigsten Witz der Welt zu ermitteln. Während die Wissenschaftler in Bertinoro tagen, liegt eine Geschichte mit Sherlock Holmes und Doktor Watson in Führung. Dass die Forscher auch diesen Witz nicht besonders lustig finden, verwundert nicht. Denn er macht sich über jene lustig, die alles gerne ein bisschen komplizierter sagen. Der Witz geht so: ›Sherlock Holmes und Doktor Watson gehen campieren. Sie stellen ihr Zelt auf und legen sich schlafen. Mitten in der Nacht weckt Holmes Watson: Watson, schau in die Sterne und sag mir, was du daraus ableitest. – Watson: Ich sehe Millionen von Sternen, und wenn nur einige von diesen Planeten haben, ist es wahrscheinlich, dass es Planeten gibt wie die Erde, und wenn es nur wenige Planeten gibt wie die Erde, so dürfte es dort auch Leben geben. – Holmes: Watson, du Idiot, was soll das – jemand hat unser Zelt gestohlen.‹«

5. Quellfluss: Motivationsforschung

Eine ausführliche Entfaltung dieses Themas inklusive spezieller Literaturhinweise finden Sie in unserem Buch ›Die 16 Lebensmotive‹. Den Original-Reiss-Motivationstest mit 128 Fragen und umfangreicher Auswertung finden Sie unter *www.reiss-profil.de* im Internet.

6. Quellfluss: Konstruktivismus

Eine sehr übersichtliche und aktuelle Darstellung der wichtigsten Strömungen des Konstruktivismus finden Sie in dem Band ›Einführung in den Konstruktivismus‹ bei Glaserfeld. Die Wirklichkeit wird von uns nicht gefunden, sondern erfunden, postulieren die Vertreter des Konstruktivismus. Sie halten die Erkenntnis einer absoluten Wahrheit deshalb nicht für möglich.

Auch Heinz von Foerster und Paul Watzlawick sind – jeder auf seine Art – lesenswerte Autoren zu diesem Thema (siehe auch Literatur).

Zu »Die Rubicon-Praxis«

Eine wissenschaftlich fundierte Darstellung der **Problematik von Motivation und Wille** hat Hugo M. Kehr vom Rosenstiel-Lehrstuhl an der Universität München in zahlreichen Artikeln dargestellt. Für eher wissenschaftlich interessierte Betrachter der Thematik führt er unter dem Titel »Selbstmanagement« sehr interessante Seminare durch. Er gilt als Urheber der so genannten »Schnittstellenbetrachtung« von Motivation und Wille in Anlehnung an David McClelland (siehe auch ›Die 16 Lebensmotive‹). Kehr hat den Autoren eine Reihe von Denkanstößen und Materialien zur Gestaltung der Rubicon-Seminare geliefert und seine Ausführungen sind in unterschiedlicher Form in die Überlegungen zum Rubicon-Prinzip eingeflossen.

Kuhls Theorie der Handlungskontrolle hat uns wesentliche Anstöße für die **Praxisübungen zu den Brücken über den Rubicon** geliefert, ohne den Anspruch zu stellen, seine wissenschaftlich fundierten Betrachtungen eins zu eins umzusetzen. Gerade die seminarerprobte Praxisorientierung stand uns hier näher als die Verpflichtung zu einer wissenschaftlich exakt formulierten Betrachtungsweise oder Schlussfolgerung.

Kuhl hat als Erster mit Nachdruck darauf hingewiesen, zwischen motivationalen und volitionalen Fragen zu unterscheiden. Er spricht von »Selektionsmotivation« und »Realisationsmotivation«. Eine Motivationstendenz erhält den Charakter einer Intention, wenn sie den Charakter einer Zielbildung, die sich die Person selbst auferlegt, annimmt. Dieser Intentionscharakter setzt eine Reihe von Vermittlungsprozessen in Gang, die der Intention ungestörten Zugang zum Handeln geben sollen. Kuhl unterscheidet vermittelnde Prozesse der Handlungs- beziehungsweise Ausführungskontrolle. Er nimmt sieben Prozesse an, die die Realisierung fördern (Kehr hat sie später als Handlungstheorien für sein Schnittstellenmodell weiterentwickelt):

Selektive Aufmerksamkeit: Die Aufmerksamkeit richtet sich auf die Infos, die Intention unterstützen, anderes wird ausgeblendet.

Enkodierkontrolle: Einkommende Infos, die mit Intention in Zusammenhang stehen, werden tiefer verarbeitet.

Emotionskontrolle: Manche Emotionen sind für eine Realisierung besser geeignet. Solche sucht der Handelnde in sich zu erzeugen.

Motivationskontrolle: Die Stärke der Motivation für die Realisierung kann vom Handelnden angehoben werden, sobald er merkt, dass konkurrierende Intentionen stärker sind.

Umweltkontrolle: Vorsorge, die gegen unerwünschte Nebentätigkeiten schützt. Reize, die zu Intentionen führen, welche man meiden möchte, entfernt man, zum Beispiel Süßigkeiten und Abnehmen.

Sparsame Informationsverarbeitung: Da Elaboration von Erwartungs- und Wertaspekten endlos betrieben werden kann, wird die Infoverarbeitung heruntergefahren (langes Hinauszögern).

Misserfolgsbewältigung: sich von unerreichten Zielen ablösen.

Diese vermittelnden Kontrollstrategien können in Aktion treten, wenn die Realisierung ins Stocken gerät. Sie laufen nicht nur bewusst ab, sondern können auch unbewusst wirken.

Es gibt Zustände im Kontrollsystem, die eine Handlungsrealisation fördern oder behindern: Handlungsorientierung (HO) versus Lageorientierung (LO). Während man im Zustand der HO auf Umsetzung der Intention drängt, ist man in der LO dabei, kognitiv gegenwärtige, zukünftige oder vergangene Lagen zu untersuchen.

Da die unmittelbaren Bedingungen für LO schwer zu erfassen sind, hat man in Untersuchungen HO und LO induziert. Versuchspersonen sollten zum Beispiel über Misserfolge reden.

Empirische Befunde: Schüler bekamen Fragebögen mit 22 Tätigkeiten. Am anderen Tag wurden sie gefragt, wie viel Zeit sie mit den Tätigkeiten verbracht hatten. Ergebnis: Handlungsorientierte führen das, was sie planen, weit mehr aus als Lageorientierte. Viele Untersuchungen zeigen, dass Lageorientierte weniger effizient in ihrer Handlungsausführung sind als Nicht-Lageorientierte. In dieser Untersuchung wurde als Erstes geprüft, ob sich dieser Zusammenhang auch bei einer längerfristigen Zielverfolgung zeigt. Es wurde angenommen, dass Lageorientierte ihre Ziele schlechter realisieren als Nicht-Lageorientierte.

Hugo M. Kehr schreibt dazu: »Um vermittelnde Mechanismen identifizieren zu können, sollte in einem zweiten Schritt untersucht werden, welche motivationalen Prozesse für die geringere Zielerreichung verantwortlich sind. Dabei sollten Lageorientierte einen geringeren Tätigkeitsanreiz erwarten und eine geringere Selbstwirksamkeitsüberzeugung in Bezug auf die Zielverfolgung haben als Nicht-Lageorientierte. Für die Zielbindung konnte ein solcher Unterschied jedoch nicht angenommen werden. Zur Überprüfung dieser Hypothesen wurden 80 Probanden zu zwei Messzeitpunkten untersucht. Zur Erfassung der Lageorientierung wurde der VCQ (Volitional Components Questionnaire) eingesetzt. Zusätzlich sollten die Probanden drei Ziele nennen und angeben, welchen Anreiz sie von den Handlungen zur Zielerreichung erwarten, wie hoch sie ihre Fähigkeiten zur

Zielerreichung einschätzen und wie hoch ihre Bindung an das Ziel ist. Die Ergebnisse zeigen hypothesenkonform, dass Lageorientierte ihre Ziele in geringerem Maße realisieren als Nicht-Lageorientierte. Lageorientierte erwarten dabei einen geringeren Tätigkeitsanreiz und haben eine geringere Selbstwirksamkeitsüberzeugung in Bezug auf die Zielerreichung. Die Höhe der Zielbindung in beiden Gruppen unterschied sich jedoch nicht signifikant. Es zeigte sich, dass der Grad der Zielerreichung bei Nicht-Lageorientierten abhängig von dem erwarteten Tätigkeitsanreiz und der subjektiven Fähigkeitsüberzeugung ist, bei Lageorientierten jedoch nur von dem Tätigkeitsanreiz. Die Ergebnisse bestätigen die handlungsbezogene Beeinträchtigung der Lageorientierten und weisen darauf hin, dass die subjektive Fähigkeitsüberzeugung einen vermittelnden Einflussfaktor darstellt« (Petra Bles, Hugo M. Kehr: Lageorientierung und Zielerreichung. Materialien des Instituts für Organisationspsychologie der Universität München).

Empfehlenswert zur Vertiefung ist auch das Zürcher Ressourcen-Modell ZRM®. Das Selbstmanagement-Training wurde von Dr. Frank Krause und Dr. Maja Storch für die Universität Zürich entwickelt. Es wird laufend durch wissenschaftliche Begleitung auf seine nachhaltige Wirkung hin überprüft. ZRM® beruht auf neuesten neurowissenschaftlichen Erkenntnissen zum menschlichen Lernen und Handeln. Es bezieht systematisch kognitive, emotive und physiologische Elemente in den Entwicklungsprozess mit ein. Durch eine abwechslungsreiche Folge von systemischen Analysen, Coaching, theoretischen Impulsreferaten und interaktiven Selbsthilfetechniken entwickeln und erweitern die Teilnehmenden ihre Selbstmanagement-Kompetenzen.

Weitere Vertiefungsmöglichkeiten nennen Ihnen die Autoren gerne auf Anfrage.

Literatur

(mit * gekennzeichnete Literatur ist zur Vertiefung besonders geeignet)

ARGYRIS, CHRIS: *Wissen in Aktion. Eine Fallstudie zur lernenden Organisation.* Stuttgart: Klett-Cotta 1997.

BISSINGER, MANFRED (Hrsg.): *Stimmen gegen den Stillstand. Roman Herzogs »Berliner Rede« und 33 Antworten.* Hamburg: Hoffmann und Campe 1997.

BLOCK, PETER: *Erfolgreiches Consulting: Das Berater-Handbuch.* Frankfurt/Main, New York: Campus 1997.

*BLUMENTHAL, ERIK: *Neue Wege zur inneren Freiheit: Praxis und Theorie der Selbsttherapie.* 13., überarb. Aufl. Stuttgart: Horizonte 1995.

BRYNER, ANDY; MARKOVA, DAWNA: *Die lernende Intelligenz: Denken mit dem Körper.* Paderborn: Junfermann 1997.

*BURISCH, MATTHIAS: *Das Burnout-Syndrom: Theorie der inneren Erschöpfung.* Berlin, Heidelberg, New York, London, Paris, Tokyo, Hongkong: Springer 1989.

*CAPRA, FRITJOF: *Lebensnetz: Ein neues Verständnis der lebendigen Welt.* Bern, München, Wien: Scherz 1996.

CARTER-SCOTT, CHÉRIE: *Negaholiker: Der Hang zum Negativen. Wege aus der Selbstblockade.* 3. Aufl. Frankfurt/Main, New York: Campus 1992.

COOPER, ROBERT K.; SAWAF, AYMAN: *EQ: Emotionale Intelligenz für Manager.* München: Heyne 1997.

*COVEY, STEPHEN R.: *Die sieben Wege zur Effektivität: Ein Konzept zur Meisterung Ihres beruflichen und privaten Lebens.* Frankfurt/Main, New York: Campus 1992.

*COVEY, STEPHEN R. u.a.: *Der Weg zum Wesentlichen: Zeitmanagement der vierten Generation.* Frankfurt/Main, New York: Campus 1997.

*CSIKSZENTMIHALYI, MIHALY: *Kreativität: Wie Sie das Unmögliche schaffen und Ihre Grenzen überwinden.* Stuttgart: Klett-Cotta 1997.

CZICHOS, REINER: *Change-Mangement: Konzepte, Prozesse, Werkzeuge für Manger, Verkäufer, Berater und Trainer.* München, Basel: E. Reinhardt 1990.

D'AVENI, RICHARD A.: *Hyperwettbewerb: Strategien für die neue Dynamik der Märkte.* Mit Robert Gunther. Frankfurt/Main, New York: Campus 1995.

DIEKSTRA, RENÉ F. W.: *Schritte zum Selbst: Die eigene Persönlichkeit verstehen.* Stuttgart: Trias 1994.

DÖRNER, DIETRICH: *Die Logik des Misslingens.* Reinbek: Rowohlt 1989.

DREIKURS, RUDOLF: *Grundbegriffe der Individualpsychologie.* 6. Aufl. Stuttgart: Klett-Cotta 1990.

DREIKURS, RUDOLF: *Selbstbewusstsein. Die Psychologie eines Lebensgefühls. Soziale Gleichwertigkeit und innere Freiheit.* München: Deutscher Taschenbuch Verlag 1995.

Einführung in den Konstruktivismus. Beiträge von Heinz von Foerster, Ernst von Glaserfeld, Peter M. Hejl, Siegfried J. Schmidt, Paul Watzlawick. 6. Aufl. München: Piper 2002.

*ERNST, HEIKO: *Psychotrends: Das Ich im 21. Jahrhundert.* München: Piper 1996.

FUCHS, HELMUT: *Die Kunst (k)eine perfekte Führungskraft zu sein.* Wiesbaden: Gabler 1999.

*FUCHS, HELMUT; HUBER, ANDREAS: *Die 16 Lebensmotive. Was uns wirklich antreibt.* München: Deutscher Taschenbuch Verlag 2002.

FUCHS, HELMUT; HUBER, ANDREAS: *Metaphoring: Komplexität erfolgreich managen.* Offenbach: GABAL 2002.

FUCHS, HELMUT; HUBER, ANDREAS: *Gesund durch kluges Timing. Mit der Chronobiologie zu einem körperbewussten Lebensrhythmus.* München: Hugendubel 2002.

GARDNER, HOWARD: *Dem Denken auf der Spur: Der Weg der Kognitionswissenschaft.* Nach der Ausgabe von 1989. Stuttgart: Klett-Cotta 1992.

GARDNER, HOWARD: *Die Zukunft der Vorbilder: Das Profil der innovativen Führungskraft.* In Zusammenarbeit mit Emma Laskin. Stuttgart: Klett-Cotta 1997.

*GEISSLER, KARLHEINZ A.: *Zeit: »Verweile doch, du bist so schön!«* Weinheim, Berlin: Quadriga 1996.

GERGEN, KENNETH J.: *Das übersättigte Selbst: Identitätsprobleme im heutigen Leben.* Heidelberg: Carl-Auer-Systeme 1996.

GOLEMAN, DANIEL; KAUFMAN, PAUL; RAY, MICHAEL: *Kreativität entdecken.* München: Deutscher Taschenbuch Verlag 1999.

GOMEZ, PETER; PROBST, GILBERT J. B.: *Die Praxis des ganzheitlichen Problemlösens: vernetzt denken, unternehmerisch handeln, persönlich überzeugen.* Bern, Stuttgart, Wien: Haupt 1995.

GUNTERN, GOTTLIEB (Hrsg.): *Intuition und Kreativität: Intuition and Creativity.* Zürich, Berlin, New York: Scalo 1996.

GUNTERN, GOTTLIEB (Hrsg.): *Irritation und Kreativität: Hemmende und fördernde Faktoren im kreativen Prozess.* Zürich, Berlin, New York: Scalo 1993.

HANDY, CHARLES: *Die Fortschrittsfalle: Der Zukunft neuen Sinn geben.* Wiesbaden: Gabler 1995.

HECKHAUSEN, HEINZ: *Motivation und Handeln.* Berlin: Springer 1989.

HECKHAUSEN, HEINZ; GOLLWITZER, PETER M.; WEINERT, FRANZ E.: *Der Wille in den Handlungswissenschaften.* Heidelberg: Springer 1987.

HEDBERG, B.: »Werte und Mythen in der strategischen Planung«. In: *wisu − Das Wirtschaftsstudium*, 14/1985, S. 429.

*HUBER, ANDREAS: *Stichwort: Emotionale Intelligenz.* München: Heyne 1996.

INAMORI, KAZUO: *Erfolg aus Leidenschaft: Das Credo von Japans führendem Unternehmer.* Wien: Signum 1996.

JÄNICKE, MARTIN: *Wie das Industriesystem von seinen Missständen profitiert: Kosten und Nutzen technokratischer Symptombekämpfung. Umweltschutz, Gesundheitswesen, innere Sicherheit.* Opladen: Westdeutscher Verlag 1997.

JAMES, TAD: *Time Coaching: Programmieren Sie Ihre Zukunft ... jetzt!* Hrsg. v. Klaus Marwitz. 2. Aufl. Paderborn: Junfermann 1993.

JAMES, TAD; WOODSMALL, WYATT: *Time Line: NLP-Konzepte zur Grundstruktur der Persönlichkeit.* 2. Aufl. Paderborn: Junfermann 1992.

**KEHR, HUGO M: *Souveränes Selbstmanagement.* Weinheim, Basel: Beltz 2002.

KLINE, PETER; SAUNDERS, BERNARD: *Schritte zur lernenden Organisation: Das Praxisbuch.* Paderborn: Junfermann 1996.

KOBJOLL, KLAUS: *Motivaction: Begeisterung ist übertragbar.* 6. Aufl. Zürich: Orell Füssli 1996.

KOBJOLL, KLAUS: *Virtuoses Marketing: Ein Seminar. »Motivaction II«.* Zürich: Orell Füssli 1995.

KOHN, ALFI: *Mit vereinten Kräften. Warum Kooperation der Konkurrenz überlegen ist.* Weinheim, Basel: Beltz 1989.

KRECH, DAVID u.a.: *Grundlagen der Psychologie 6: Persönlichkeitspsychologie und Psychotherapie.* Bearb. u. hrsg. v. Hellmuth Benesch. Weinheim, Basel: Beltz 1985.

KUHL, JULIUS; HECKHAUSEN, HEINZ (Hrsg.): *Motivation, Volition und Handlung.* Göttingen: Hogrefe 1996.

LEONARD, GEORGE: *Der längere Atem: Meisterung des Alltäglichen.* Mit einem Vorwort von Manfred Miehte. Wessobrunn: Integral 1994.

LUKAS, ANDREAS: *Abschied von der Reparaturkultur: Selbsterneuerung durch ein neues Miteinander*. Wiesbaden: Gabler 1995.

MANN, RUDOLF: *Der ganzheitliche Mensch: Lebenssinn und Erfüllung im Beruf*. Düsseldorf, Wien, New York: Econ 1991.

MATHEIS, RICHARD (Hrsg.): *Leadership Revolution: Aufbruch zur Weltspitze mit neuem Denken*. Wiesbaden: Gabler 1994.

MCCULLOUGH, COLLEEN: *Rubikon*. Roman. München: Goldmann 2000.

MCGILL, MICHAEL E., SLOCUM, JR., JOHN W.: *Das intelligente Unternehmen: Wettbewerbsvorteile durch schnelle Anpassung an Marktbedürfnisse*. Stuttgart: Schäffer-Poeschel 1996.

MÜLLER-FELSENBURG, ALFRED (Hrsg.): *Mit Sokrates durch das Jahr*. Augsburg: Weltbild 1990.

MÜNCHHAUSEN, MARCO V.: *So zähmen Sie Ihren inneren Schweinehund. Vom ärgsten Feind zum besten Freund*. Frankfurt/Main, New York: Campus 2002.

NEFIODOW, LEO A.: *Der sechste Kondratieff: Wege zur Produktivität und Vollbeschäftigung im Zeitalter der Information*. Sankt Augustin: Rhein-Sieg-Verlag 1996.

NØRRETRANDERS, TOR: *Spüre die Welt: Die Wissenschaft des Bewusstseins*. Reinbek: Rowohlt 1994.

OECH, ROGER V.: *Der kreative Kick: Aktivieren Sie Ihren Forscher, Künstler, Richter und Krieger*. Paderborn: Junfermann 1994.

PAFFRATH, HARTMUT F. (Hrsg.): *Zu neuen Ufern: Internationaler Kongress Erleben und Lernen*. Alling: Sandmann 1998.

PEAT, DAVID F.: *Synchronizität: Die verborgene Ordnung*. Bern, München, Wien: O.W. Barth 1989.

PEDLER, MIKE u.a.: *Das lernende Unternehmen*. Frankfurt/Main, New York: Campus 1994.

PEDLER, MIKE u.a.: *Fragebogen »Das lernende Unternehmen« und Begleitmaterialien*. Fulda: Paidia 1995.

PETERS, TOM: *Der WOW! Effekt: 200 Ideen für herausragende Erfolge*. Frankfurt/Main, New York: Campus 1995.

POEPPEL, ERNST u.a.: *Weltwissen – Wissenswelt. Das globale Netz von Text und Bild*. Köln: DuMont 2000.

POPPER, KARL R.: *Alles Leben ist Problemlösen: Über Erkenntnis, Geschichte und Politik*. 2. Aufl. München, Zürich: Piper 1996.

PROBST, GILBERT J.B.: *Selbstorganisation*. Berlin 1987.

PROBST, GILBERT J.B.; BÜCHEL, BETTINA: *Organisationales Lernen: Wettbewerbsvorteil der Zukunft*. Wiesbaden: Gabler 1994.

PROBST, GILBERT J. B.; RAUB, STEFFEN; ROMHARDT, KAI: *Wissen managen: Wie Unternehmen ihre wertvollste Ressource optimal nutzen.* Wiesbaden: Gabler 1997.

REINHARD, RÜDIGER; SCHWEIKER, ULRICH: »Sieben Schritte zur lernfähigen Organisation«. In: *Trojaner 4.* 2. Jahrg., 6/1994, S. 32ff.

SAFRANSKI, RÜDIGER: *Wie viel Wahrheit braucht der Mensch? Über das Denkbare und das Lebbare.* Frankfurt/Main: Fischer 2001.

SCHEICH, GÜNTHER: *Positives Denken macht krank: Vom Schwindel mit gefährlichen Erfolgsversprechen.* Unter Mitarb. v. Klaus Waller. Frankfurt/Main: Eichborn 1997.

SCHEIN, EDGAR: *Organizational Culture and Leadership.* San Francisco 1985.

SCHMIDT, SIEGFRIED J. (Hrsg.): *Der Diskurs des radikalen Konstruktivismus.* Frankfurt/Main: Suhrkamp 1987.

SCHNEIDER, URSULA (Hrsg.): *Wissensmanagement: Die Aktivierung des intellektuellen Kapitals.* Frankfurt/ Main: Frankfurter Allgemeine Zeitung, Verlagsbereich Wirtschaftsbücher 1996.

SCHOENAKER, THEO: *Mut tut gut.* »*Ich weiß, ich bin okay*«: *Das Encouraging-Training.* 6. Aufl. Sinntal: RDI 1997.

SCHOENAKER, THEO: *Sich als Eltern gut fühlen: Ein Brief.* Sinntal: RDI 1997.

SCHOTTKY, ALBRECHT; SCHOENAKER, THEO: *Was bestimmt mein Leben? Wie man die Grundrichtung des eigenen Ich erkennt.* München: Goldmann 1995.

SCHWÄBISCH, LUTZ; SIEMS, MARTIN: *Selbstentfaltung durch Meditation: Eine praktische Anleitung.* Reinbek: Rowohlt 1976.

SEGAL, LYNN: *Das 18. Kamel oder Die Welt als Erfindung.* München: Piper 1988.

*SEIWERT, LOTHAR J.: *Wenn Du es eilig hast, gehe langsam. Das neue Zeitmanagement in einer beschleunigten Welt.* Frankfurt/Main, New York: Campus 1998.

SENGE, M. PETER u.a.: *Das Fieldbook zur Fünften Disziplin.* Stuttgart: Klett-Cotta 1996.

SHEEHY, GAIL: *Die neuen Lebensphasen: Wie man aus jedem Alter das Beste machen kann.* München, Leipzig: List 1996.

SIEBERT, HORST: *Pädagogischer Konstruktivismus. Eine Bilanz der Konstruktivismusdiskussion für die Bildungspraxis.* Neuwied: Luchterhand 1999.

SIMON, FRITZ B.: *Die Kunst, nicht zu lernen: Und andere Paradoxien in Psychotherapie, Management, Politik.* Heidelberg: Carl-Auer-Systeme 1997.

SIMON, FRITZ B.: *Meine Psychose, mein Fahrrad und ich: Zur Selbstorganisation der Verrücktheit.* 6. Aufl. Heidelberg: Carl-Auer-Systeme 1997.

SIMON, FRITZ B.: *Unterschiede, die Unterschiede machen. Klinische Epistemologie: Grundlage einer systemischen Psychiatrie und Psychosomatik.* 2. Aufl. Frankfurt/Main: Suhrkamp 1995.

SIMON, FRITZ B.; CONECTA-Autorengruppe: *Radikale Marktwirtschaft: Grundlagen des systemischen Managements.* 3., überarb. u. erw. Aufl. Heidelberg: Carl-Auer-Systeme 1998.

SKINNER, ROBIN; CLEESE JOHN: *Life oder: Wie man sich bettet* ... Paderborn: Junfermann 1995.

SKINNER, ROBIN; CLEESE, JOHN: *...Familie sein dagegen sehr: Wege in die Zukunft.* Paderborn: Junfermann 1988.

STAEHLE, WOLFGANG; SYDOW, JÖRG (Hrsg.): *Managementforschung.* 3 Bde. Wiesbaden: Gabler 1991.

STIEFEL, ROLF TH.: *Lektionen für die Chefetage: Personalentwicklung und Management Development.* Stuttgart: Klett-Cotta 1996.

TRENKLE, BERNHARD: *Das Ha-Handbuch der Psychotherapie.* Heidelberg: Carl-Auer-Systeme 2000.

ULRICH, HANS; PROBST, GILBERT J. B.: *Anleitung zum ganzheitlichen Denken und Handeln. Ein Brevier für Führungskräfte.* Stuttgart: Haupt 1988.

URBAN, DIETER: *Chancen für Querdenker: Mit emotionaler Intelligenz (EQ) zur alternativen Problemlösung.* Zürich: Orell Füssli 1996.

VESTER, FREDERIC: *Neuland des Denkens: Vom technokratischen zum kybernetischen Zeitalter.* München: Deutscher Taschenbuch Verlag 1984.

WALTER, RUDOLF: *Lass dir Zeit: Entdeckungen durch Langsamkeit und Ruhe.* Freiburg: Herder 1997.

WATZLAWICK, PAUL: *Die erfundene Wirklichkeit.* München: Piper 1981.

WATZLAWICK, PAUL; KREUZER, FRANZ: *Die Unsicherheit unserer Wirklichkeit: Ein Gespräch über den Konstruktivismus.* 6. Aufl. München: Piper 1998.

WELSCH, WOLFGANG: *Vernunft: Die zeitgenössische Vernunftkritik und das Konzept der transversalen Vernunft.* Frankfurt/Main: Suhrkamp 1996.

dtv zum Thema Wirtschaft: kompetent und aktuell

John O'Donohue im dtv

Anam Ċara
Das Buch der keltischen Weisheit
dtv premium 3-423-**24119**-5

Anam ist das gälische Wort für Seele, Ċara heißt Freund. AnamĊara bedeutet also »Seelenfreund«. John O'Donohue enthüllt in diesem Buch keltische Geheimnisse, die die Leser in unserer hektischen Zeit in harmonischen Einklang mit der Welt bringen.

Echo der Seele
Von der Sehnsucht nach Geborgenheit
dtv premium 3-423-**24180**-2

Noch nie war der Hunger nach Zugehörigkeit so quälend wie heute. Die Geborgenheit, die wir in der Zugehörigkeit erfahren, schenkt uns Kraft. Sie befähigt uns, äußeren Druck und Verwirrung zu ertragen, und sie versichert uns des Bodens, auf dem wir stehen.

Landschaft der Seele
dtv premium 3-423-**24223**-X

Die meditativen Texte und Gedichte John O'Donohues entfalten zusammen mit den eindrucksvollen Fotos des Iren Fergus Bourke eine wahrhaft magische Wirkung. Natur und Landschaft spiegeln das wechselvolle menschliche Leben.

Connemara Blues
dtv premium 3-423-**24295**-7

John O'Donohues Verse entführen in die grandiose irische Landschaft Connemara, deren Wechselspiel von Licht und Schatten die unendlichen Facetten von Sehnsucht und Erfüllung widerspiegelt.